NASRETTİN HOCA FIKRALARI

Baskı
Selin Ofset

İstanbul 2005

ISBN 975-7624-69-1

Genel Dağıtım
KAHRAMAN YAYINLARI
Davutpaşa Cd. TİM 2 No:322
Tel: (0212) 613 83 05
Fax: (0212) 565 25 84

NASRETTİN HOCA FIKRALARI

Hazırlayan
Ugur Rüzgar

RÜZGAR KİTAPLARI

NASRETTİN HOCA HAKKINDA...

1208 yılında Sivrihisar'ın Horto köyünde dünyaya gelmiş, 1284 yılında da Akşehir'de vefat etmiştir. Babası köyün imamı Abdullah Efendi'dir. Tahsilini babasının yanında yapar. Arapça ve Farsça'yı, dini ilimleri küçük yaşta öğrenir. Çalışkanlığı ve afacanlığı ile dikkati çeker.
Babası ölünce yerine imam olarak geçer. Sürekli okuma ve araştırma arzusuyla imamlığı bırakır ve bu amaçla kasaba kasaba, şehir şehir dolaşır. Çok iyi bir gözlemcidir. İnsanlarla yakından ilgilenir ve sorunlara kendine has çözümler getirir. Nükteleri ince bir zekanın ürünüdür. Amacı güldürmek değil; düşündürerek insanları doğru yola sevketmektir.

Yaşadığı dönem Anadolu Selçukluları hakimdir. Okumak, bilgilenmek, ilim meclislerinde bulunmak, araştırma yapmak arzusuyla o dönemin başkenti Konya'ya gelir. Devletin başında 1. Alaeddin Keykubat vardır. Devletin en parlak ve en güzel dönemidir. Konya adeta tüm dünyadaki alimlerin buluşma yeri gibidir. İlim adamları hakettikleri saygıyı görmektedir.

Nasrettin Hoca bu kültür beldesinde gerekli bilgi ve tecrübeyi kazanır. Akşehir'e gelip burada evlenir, çoluk çocuğa karışır.

Akşehir'de müderrislik yapar. Bir dönem kadılık da yapmıştır. Meslek hayatında da azim ve çalışkanlığıyla ünlenir. Hoca, çok iyi eğitim görmüş ve bu bilgisini her vesileyle öğrencilerine ve halka ulaştırmayı başarabilmiş bir ilim adamıdır.

Nasrettin Hoca'nın fıkralarında insan, toplum ve tabiat unsurları hemen dikkati çeker. Nüktelerindeki doğallık ve sadelik; zamana, mekana, olaylara ve sorunlara uygunluk arzetmektedir. Bu nedenle nükteleri her zaman tazeliğini korumakta ve insanları düşündürürken güldürebilmektedir de.

HALİM NE OLURDU?

Nasrettin Hoca bir gün köyden şehre giderken yorulmuş tarlanın kenarındaki ceviz ağacının altında dinleneyim demiş. Şöyle bir etrafına bakınıp ağacın altına uzanmış. Ve şöyle düşünmüş:
"Ey Allah'ım gücüne sual olmaz amma, incecik kabak sapında kocaman kabak var, koskocaman ağaçta küçücük ceviz var, bu nasıl iş" deyip uykuya dalmış.
Ağaçtan bir ceviz hocanın kafasına düşüvermiş. Ve kafada ceviz büyüklüğünde bir şiş olmuş. Hoca hiddetle uyanmış ve:
"Yarabbi sen en iyisini bilirsin" demiş. "Şimdi o kabak ağaçta olsaydı benim halim ne olurdu"

EŞEK EVDE YOK

Bir gün Nasrettin Hoca'nın komşusu:
— Hocam, eşeğini bir günlüğüne ödünç verir misin? Komşusu daha önce Hoca'nın eşeğini almış ve kötü kullanmıştı. Bu yüzden Hoca eşeği vermek istememiş.

Komşusuna:
— Kusura bakma komşu, eşek burada yok!
Komşusu tam geri dönmüştü ki, ahırdaki eşek anırmaya başladı. Komşu Hoca'ya:
— Hocam hani eşek burada yoktu?
Hoca:
— Aşk olsun komşu, benim sözüme inanmıyorsun da, eşeğin sözüne mi inanıyorsun?

MUM ATEŞİYLE PİŞEN YEMEK

Bir gün Nasreddin Hoca ve arkadaşları iddiaya tutuşmuşlar. Eğer Hoca karanlık ve soğuk bir gecede, sabaha kadar köy meydanında bekleyebilirse arkadaşları ona güzel bir ziyafet çekecekmiş. Şayet bunu beceremezse, Hoca, arkadaşlarına ziyafet çekecek.
Kararlaştırılan gün Hoca meydanın ortasında, sabaha kadar tir tir titreyerek beklemiş.
Sonra yanına gelenlere:
— Tamam demiş. İddiayı kazandım.
— Ne oldu ne yaptın demişler.
— Bekledim sabaha kadar demiş.
— Hayır demişler. Sen uzaktaki bir mum ışığı ile ısınmışsın. İddiayı kaybettin! Ziyafetimizi hazırla. Hoca çaresiz kabul etmiş. Ziyafet vakti kocaman bir kazanın altına minicik bir mum koymuş. Güya yemek pişirecek.
— Ne yapıyorsun? Hocam mum ışığıyla yemek pişer mi? demişler.

Gülerek cevap vermiş Hoca:
— Uzaktaki bir mum ışığıyla ben nasıl ısındıysam, bu kazandaki yemek de öyle pişecek!...

NASIL AĞLAMAZSIN

Hocanın eşeği ölür. Kapının önünde oturmuş, hüngür hüngür ağlar. Bu durumu gören bir komşusu:
— Hocam, geçende karın ölmüştü bu kadar ağlamamıştın. Bir eşek için bu kadar ağlanır mı?
— Nasıl ağlamam! Karım ölünce eş dost hepiniz, üzülme biz sana yeni bir eş alırız demiştiniz. Ama şimdi biri çıkıp da;
'Hoca ağlama sana daha iyi bir eşek alırız' demedi.

HALEP ORADAYSA ARŞIN BURADA !

Palavracının biri başına topladığı üç beş cahile karşı övünüp duruyormuş:
— İşte ben güçlü ve maharetli bir adamım. Evet ben Halep'te bulunduğum sıralarda altmış arşın uzağa atlamış bir kimseyim!..
Nasreddin Hoca da bu sırada oradan geçiyormuş. Palavracının yanına yaklaşıp:
— Yaa demiş demek sen altmış arşın atlarsın. Haydi atla da görelim. Adam hık mık etmiş.
— Ama demiş ben Halep'te atladım. Hoca kızmış:
— Canım demiş, Halep oradaysa arşın burada.

HOCANIN İNCİRLERİ

Nasreddin Hoca bahçesindeki tadı bal gibi olan incirlerini toplar. Satmak için pazara götürür.
Bal gibi bunlar, bal gibi incirler, diye bağırır....
O sırada bir müşteri bayan çıkagelir. Hoca'ya:
— Hoca efendi falan komşunuzun karısıyım veresiye verirseniz incir alacam, der...
Hoca razı olur. İncirleri tartar, bu arada bir tane kadına uzatarak:
— Hanım al bu benden tadına bak der.
— Teşekkür ederim Hoca efendi almayayım oruçluyum. Dört beş sene evvel hastalanmış bugün borcumu ödüyorum der. Bunu duyan Hoca:
— Haa.. öylemi? kusura bakma hanım ama bende veresiye verecek mal yok... Allah'ın alacağını dört beş senede ödeyen benim alacağımı kim bilir ne zaman öder.

DAĞ YÜRÜMEZSE ABDAL YÜRÜR

Nasreddin Hoca'ya yapılan sataşmalar tükenip bitmez. Akşehirliler bir gün Hoca'ya takılır ve sorarlar:
— Hocam senin evliyalar katında ulu bir kişi olduğun söylenir aslı var mıdır?
Hoca'nın böyle bir iddiası elbette yoktur, ama bir kere soruldu ya, cevaplar:
— Her halde öyle olmalı. Böyle kişiler zaman zaman mucizeler göstererek bu özelliklerini herkese kanıtlar.

— Hoca madem kabullendin göster bir mucize de görelim!" Hoca:
— Pekala şimdi size bir numara yapalım der. Karşısında durmakta olan çınar ağacına;
— Ey ulu çınar çabuk yanıma gel! der.
Tabii ne gelen ağaç var ne giden. Hoca yürümeye başlar ağacın yanına varır.
Akşehirliler:
— Ne oldu Hoca ağacı getiremedin, kendin oraya gittin!" diye gülünce, Hoca:
— Bizde kibir yoktur, dağ yürümezse abdal yürür, der.

PARAYI VEREN DÜDÜĞÜ ÇALAR

Nasrettin Hoca, bir gün eşeğine binmiş, pazara gidiyormuş, mahallenin çocukları etrafını sarmışlar.
— Hocam, Hocam nereye gidiyorsun?
— Pazara gidiyorum çocuklar
— Hocam pazardan bize düdük alır mısın demişler hep bir ağızdan
Bu arada aralarından biri, elindeki parayı Hoca'ya uzatmış vermiş.
— Hocam bu parayla bana bir düdük al demiş.
Akşam olmuş, Hoca pazardan dönmüş. Mahallenin çocukları yine Hocanın etrafını sarmışlar.
Hoca para veren çocuğa düdüğü uzatmış. Çocuk neşeyle düdüğü öttürmeye başlamış. Diğer çocuklar, hani bizim düdüğümüz, diye Hoca'ya sormuşlar.

Hoca da çocuklara:
— Parayı veren düdüğü çalar, demiş...

KIRK YILLIK SİRKE

Nasreddin Hoca, evinde dinlenirken, gece yarısına doğru kapısı, şiddetle çalınmış.
Hoca, gecenin bu ilerlemiş saatinde evine gelen bu misafiri merak etmiş, kapıyı açmış.
Bitişik komşusu, elinde bir tasla, Hoca'ya:
— Aman Hocam, hanım çok hasta. Sizde kırk yıllık sirke varmış. İlâç için, biraz sirke verir misin? demiş.
Nasreddin Hoca, komşusuna kızmış:
— Veremem...demiş.
Sonra, durumu açıklamış:
— Eğer her isteyene verseydim, bende kırk yıllık sirke kalır mıydı.

SEN DE DÜŞTÜN

Nasreddin Hocanın bir gün karısı ölmüş. Bir ay sonra kocası ölmüş dul bir kadınla evlenmiş. Evlendiği kadın Hocaya sürekli eski kocasını anlatıyormuş.
Yine bir gün yatakta kocasını anlatıyordu. İşte benim kocam şöyle yapardı, böyle yapardı.
Hoca sinirlenmiş ve kadına bir tekme atmış ve kadın yere düşmüş.
— Kadın sormuş aman hoca niye attın beni.

Hocanın cevabı hazır:
— Eee yatakta bir sen yatıyorsun, bir ben, birde eski kocan. Üçümüz sığamadık sen de düştün.

AKLIMDA DURACAĞINA KARNIMDA DURSUN

Nasreddin Hoca'nın hanımı bir gün tatlı yapıp sofraya getirmiş...
Birlikte oturup güzelce yemişler. Geriye çok az tatlı kalmış.
Karısı:
— Kalanı da yarın yeriz diye kaldırmış tatlı tabağını. Gece olmuş, yatmışlar. Nasreddin Hocanın aklı tatlı tabağında kalmış. Bir türlü gözüne uyku girmiyormuş.
Karısını da uyandırıp, tatlı tabağını mutfaktan alıp getirmiş. Başlamışlar birlikte yemeğe. Afiyetle tatlıyı bitirmişler. Hoca:
— Oh be demiş aklımda duracağına, karnımda dursun daha iyi demiş.

BİLMİYORUM

Bir gün Akşehir'e bir bilgin gelir.
— Kasabanızın en bilgilisi kimdir? Diye sormuş. Halk Nasreddin Hoca'dır deyip, Hocanın yanına getirmişler. Bilgin:

— Hocam, sana 40 sual soracağım bakalım bilecek misin?
Hoca adamın sorduğu 40 soruyu iyice dinledikten sonra:
— Onu bilmem, bunu bilmem... şunu bilmem... diye üşenmeden her soruya ayrı ayrı bilmem cevabı vermiş.
Etraftan Hoca'ya:
— Niye hepsine birden bilmem, demedin? diye sorarlar. Hoca:
— Ben haksızlığı sevmem. O zahmet edip soruları birer birer sordu, ben de bilmiyorum cevabını birer birer verdim.

YAZISI OKUNAKLI OLSUN

Bir tanıdığı, Nasreddin Hoca'ya gitmiş; Bağdat da bulunan bir dostuna Arapça mektup yazmasını istemiş. Nasreddin Hoca, Arapça bilmediği belli olmasın diye:
— İstediğin mektubu yazarım. Fakat, şu sıralar Bağdat'a gidemem, demiş.
Tanıdığı şaşırmış:
— Aman Hoca, demiş. Galiba yanlış anladın. Senin Bağdat'a gitmeni istemedim. Mektup yaz dedim.
Nasreddin Hoca:
— Yazarım ama, yazım okunaklı değildir. Mektubu okumak için benim Bağdat'a gitmem gerekir. İyisi mi sen mektubu, yazısı okunaklı birine yazdır.

BEN UYUYORUM

Bir gün Nasreddin Hoca şehire gelip, bir arkadaşıyla birlikte handa kalmış. Gece yarısı arkadaşı sormuş:
— Hocam, uyudunuz mu?
— Buyurun bir şey mi var?
— Biraz borç para isteyeyim demiştim.
Nasreddin Hoca derhal horlamaya başlayıp:
— Ben uyuyorum!, demiş.

DİLENCİ

Nasrettin hoca bir gün evin çatısına çıkmış kiremitleri aktarıyormuş.
Yoldan gecen bir dilenci hocaya seslenerek:
— Ya hocam birazcık aşağıya gelirmisin demiş.
Hoca:
— Ne var demiş
Dilenci:
— Aşağıya gel de söyleyeyim demiş.
Hoca zar zor aşağıya inmiş.
— Ne söyleyeceksen söyle daha bir sürü işim var demiş.
Dilenci;
— Allah rızası için bir sadaka demiş.
Hoca çok kızmış. Fakat hiç belli etmeden yukarı gel vereyim demiş.
Dilencide sevinerek hocayla beraber yukarı çıkmış.
Hoca çalışmaya başlamış.

Dilenci;
— Hocam, hani bana para verecektin demiş.
Hocada;
— Allah versin demiş.

YA SECDEYE KAPANIRSA

Bir gün Hoca, yol üstü bir hana inmiş. Han tarihten kalma eski bir yer. Her tarafı delik deşik; adeta çökmeye ramak kalmış. Hoca'nın yüreğine bir korku düşmüş ama, ne desin. Nihayet bir söz arasında han sahibine:
— Yahu, bu senin tavan da ne kadar gıcırdıyor, beşik mübarek! demiş.
Hancı baba hiç oralı olmamış, sözü şakaya boğarak:
— Ağzını hayra aç Hoca, bu gıcırtı beşik gıcırtısı değil; tavan tahtaları Hakka tespih çekiyor! demiş.
Hoca gözlerini hancının gözüne dikerek:
— Peki ama, demiş; ya bu tavan böyle tespih çeke çeke aşka gelip de
ya secdeye kapanırsa, bizim halimiz nice olacak?

YEMEĞİN BUĞUSUNA, AKÇENİN SESİ...

Kadılığı sırasında çok ilginç davalara bakarmış Hoca. Yoksulun biri nereden bulduysa bir parça kuru ekmek bulmuş. Gitmiş bir lokanta dükkanına, geçmiş yemek

tencerelerinin başına. Ekmeğini tencerelerden çıkan dumana tutup yumuşata yumuşata yemeye başlamış. Ekmek bitince, aşçı gelmiş:
"Dumanıma akçe isterim!" demeye başlamış. Adamcağız "Kardeşim, duman bu, buna da akçe olur mu?" dediyse de kâr etmemiş. En sonunda tutmuşlar mahkemenin yolunu, varmışlar o yılların kadısı Nasreddin Hoca'nın yanına.
Hoca, iki tarafı da iyice bir dinlemiş. Sonra da kesesinden birkaç tane akçe çıkarıp şıngır şıngır sallamış. Aşçıya da;
"Al akçenin sesini de git!" diye seslenmiş. Aşçı;
"Akçenin sesi alınır mı?" deyince konuşmuş Hoca:
"Yemeğin buğusuna, akçenin sesi..."

SANA NE

Bir gün Nasreddin Hoca eve doğru yürüyormuş, bir arkadaşı arkadan seslenmiş;
— Aman hoca gördün mü? Biraz önce geçen helva kazanı ağzına kadar doluydu.
Hoca istifini bozmadan
— Bana ne demiş.
Arkadaşı;
— Ama hoca helva kazanı sizin eve gidiyordu, buna ne dersin? demiş.
Hoca yine istifini bozmadan;
— O zaman sana ne? demiş.

SÜNNET DİYEYİM DE

Nasreddin Hoca'nın evine bir gün üç molla misafirliğe gelir. Üçü de birbirinden obur şeylermiş. Hoca ne yemek çıkarmışsa silip süpürmüşler. O kadar ki tencerelerde yemek bitince, bunu da "sünnettir" diye ekmekle iyice sıyırırlarmış. Bu sırada odaya Hoca'nın oğlu girmiş. Mollalar Hoca'yı memnun etmek için:
— Aman ne güzel çocuk... Adı ne bunun diye sormuşlar. Hoca:
— Adı Farzdır, demiş.
Mollalar şaşırıp birbirlerine bakmışlar:
— Bu ne biçim isim Hoca Efendi demişler. Şimdiye kadar böyle bir isim hiç duymamıştık.
Hoca hemen taşı gediğine koymuş:
— Ya, sünnet diyeyim de onu da mı yiyesiniz?

KEŞİŞ

Keşişin biri dünyanın en akıllı adamını bulmak için diyar diyar geziyormuş. Sıra Nasreddin Hoca'nın köyüne gelmiş ve köylülere sormuş:
— Sizin köyün en akıllı adamı kim demiş.
Köylülerde:
— Nasreddin Hoca demiş.
Bunun üzerine keşiş köy meydanında Hoca ile görüşmeye başlamış ve eline bir çomak almış yere bir daire çizmiş. Nasreddin Hoca da çomakla daireyi ortadan ikiye bölmüş. Keşiş bir doğru daha çizerek daireyi

dörde bölmüş. Hoca da dörde bölünmüş dairenin üç dilimine çarpı işareti koymuş. Keşiş elleriyle aşağıdan yukarıya doğru hareket yapmış. Hoca da yukarıdan aşağıya yapmış ve keşiş büyük bir hayranlıkla hocayı tebrik etmiş.

Olup bitenden bir şey anlamayan halk keşişe ne olduğunu sormuş keşiş de:

— Bu adam gerçekten dünyanın en akıllı adamı. Yere dünya çizdim o ortadan ekvator geçer dedi. Ben dünyayı dörde böldüm o da dörtte üçü sudur dedi. Ben yerden buharlaşma sonucunda ne olur dedim o da yağmur yağar dedi.

Bu sefer hocaya neler olduğunu sorar halk.

Hoca da:

— Bu adam oburun biri. Yere bir tepsi baklava çizdi ben de yarısı benim dedim. Daha sonra tepsiyi dörde böldü o zaman dört de üçü benim dedim. O da tepsi altından ateşi hafif hafif almalı dedi, ben de üstüne fındık fıstık eklersek daha iyi olur dedim.

HANGİ KIYAMET

Hoca'ya arkadaşları sorar:
— Kıyamet ne zaman kopacak? diye.
Hoca da:
— Hangi kıyamet? demiş.
Adamlar şaşırmış halde:
— Kaç türlü kıyamet var ki, Hocam.
Hoca:

— İki türlü kıyamet var; Karım ölürse küçük kıyamet, ben ölürsem büyük kıyamet!

KERAMET KAVUKTA MI?

Bir gün bir adam, elinde bir mektup:
— Hocam zahmet sana, şu mektubu bir okusana.
Hoca açar bakar ki mektup baştan sona Arapça. Şöyle bir iki evirir çevirir söktüremez çaresiz geri verir.
Der ki;
— Başkasına okut bunu sen.
Adam şaşırır:
— Neden?
— Türkçe değil bu mektup okuyamam.
Yine anlamaz adam Hocanın okuması yok zanneder.
— Ayıp hoca! ayıp der. Benden utanmıyorsan şundan utan şu başındaki koca kavuğundan!
Hoca, kavuğunu çıkarıp uzatır sonra;
— Mademki der, iş kavuktadır, haydi, giy de şunu, kendin oku bakalım mektubunu.

O BİZDEN DAHA KİRLİ

Hoca bir gün göl kenarında karısıyla birlikte çamaşır yıkamaya gider.
Tam işe başlayacakları sırada bir karga gelir ve sabunu kaptığı gibi havalanır.
Karısı;

— Yetiş efendi sabunu kuş kaptı dediyse de Hoca kılını bile kıpırdatmaz.
— Telaşlanma karıcığım, der
— Baksana simsiyah olmuş zavallı, o bizden daha kirli, varsın temizlensin.

BOY ÖLÇÜSÜ

Hoca, pazardan eşek alırken metreyle eşeğin boyunu ölçmeye başlamış. Oradan geçen bir at satıcısı:
— Hocam ne yapıyorsun? Eşeği böyle muayene etmezler, yaşını ve kalitesini anlamak için dişine bakarlar demiş.
Hoca da:
— Tarlaya giderken bir ben, bir hanım, bir de çocuk, üçümüz birlikte bineceğiz. Bana hayvanın dişi değil, boyu lazım, demiş...

İÇİNDE BEN DE VARDIM

Hoca bir gün arkadaşıyla konuşuyormuş arkadaşı demiş ki:
— Ya hocam dün sizin evden bir ses çıktı. Neydi o?
Hoca:
— Hiç sadece hanımla biraz tartıştık kavuğum merdivenlerden yuvarlandı, demiş.
Arkadaşı:
— Yahu hocam hiç kavuktan bu kadar ses çıkar mı?

Hoca da:
— Ya anlasana içinde ben de vardım, demiş.

BİRAZ İLERİYE GİT HOCA

Bir gece hanımı, yatakta, Nasreddin Hocaya;
— Hoca efendi, biraz ileri git! deyince, Hoca hemen çarıklarını giyerek başlar yürümeye. Bir saat yürüdükten sonra yolda gördüğü bir tanıdığına:
— Akşehir'e vardığında bizim eve uğra, hanıma söyle, daha gidecek miyim.

İNŞALLAH BENİM HATUN!

Bir gece hoca karısı ile konuşurken şöyle demiş:
— Yarın hava yağmurlu olursa oduna, açık olursa tarlaya gideceğim.
Karısı çıkışmış:
— Efendi inşallah de!
Hoca hiddetlenmiş:
— Niçin inşallah diyeyim hatun? İki işten biri mutlaka olacak, ya o, ya bu!
Ertesi gün hava yağmurlu olduğu için ormana gitmek üzere sabahleyin erkenden evden çıkmış, biraz gittikten sonra yolda bir askere rast gelmiş.
Atın üzerindeki asker seslenmiş Hoca'ya:
— Bana bak baba! Filan köye nerden gidilir?
Hoca da ilgisiz bir tavırla cevap vermiş:

— Bilmem!
Asker yoluna devam etmek isteyen Hoca'yı bırakmamış ve kamçıyla birkaç defa şiddetle vurduktan sonra bağırmış:
— Seni gidi hain herif seni! Bilmezsin ha! Çabuk düş önüme! Sen beni ta o köye kadar götüreceksin!
Hoca bu emri yerine getirmezse başına neler geleceğini düşünerek askerin önüne düşmüş ve hayli uzakta bulunan köye kadar götürmüş. Fakat vakitte bir hayli geç olduğu için artık ormana gidememiş, doğruca evine gelmiş.
Kapıyı çalınca karısı içerden seslenmiş:
— Kim o?
Hoca da suçlu suçlu karşılık vermiş:
— İnşallah benim hatun, aç kapıyı!

HERKESİN DEDİĞİNE KANMAMAK GEREK

Nasrettin Hoca oğlunu okulundan alırken eşekle gelmiş. Oğluyla eşeğin üzerinde evin yolunu tutmuşlar. Aradan zaman geçmiş. Bir grup insan önlerine çıkmış. Biri;
— Hoca ayıp değil mi? Eşeğe o kadar yükü nasıl taşıtırsın?
Hoca da oğlunu eşekten indirip yoluna devam etmiş. Aradan zaman geçmiş başka bir insan;
— Ayıp Hoca ayıp. Küçücük çocuk yürütülür mü?
Hoca çocuğu eşeğe oturtmuş. Kendi yoluna devam

etmiş. Aradan yine zaman geçmiş başka birisi;
— Hoca adalet bu mu? Çocuğu oturtuyorsun kendin yürüyorsun.
Sonra hocayla oğlu eşeği taşımaya başlamışlar. Hocayla oğlu tam köye gelince önüne birisi geçmiş.
— Hocam kafayı yedin herhalde. Eşek seni taşıyacağına sen onu taşıyorsun.
Hoca da kimseye yaranamamış ne yaptıysa.

MISIRA KADI OLMUŞ

Eşeğini kaybeden Hoca, her yerde onu aramaktadır, yoldan geçenlere sorarmış.
Arkadaşlarından biri, alaylı bir ifadeyle:
— Hocam, duydun mu? Senin eşeğin Mısır'a kadı olmuş.
Hoca lafın altında kalmaz:
— Sahi yahu, ben çırağıma ders verirken, o da hep kulaklarını diker, dikkatle dinlerdi.

SIKARKEN

Nasrettin hoca bir gün yolun kenarında kedisini yıkıyormuş. Yoldan geçen arkadaşları hocaya:
— Hocam kediyi yıkama ölür demişler.
Hoca aldırış etmemiş ve yıkamış. Arkadaşları dönüşte Hocayı tekrar yolun kenarında görmüşler, kedi ölmüştü. Adamlar:

— Hocam biz size kediyi yıkamayın ölür demedik mi? demişler. Hoca:
— Ben kediyi yıkarken ölmedi ki sıkarken öldü.

TAVANI NE ZAMAN YAPTINIZ?

Nasreddin Hoca'nın evine tüccar arkadaşı misafir olmuş. Hoca ona mantı pişirip getirmiş. Arkadaşı acele edip mantıyı hemen ağzına atınca boğazı yanmış. Boğazının yandığını belli etmemek için başını tavana doğru dikmiş ve yanmanın etkisi gidince de başını tavandan indirmeyip sormuş:
— Hocam bu tavanı ne zaman yaptınız. Hoca hemen:
— Boğazına ateş düştüğü zaman, demiş.

BEN OLSAYDIM

Akşam geç saatte eve gelen Hoca pencerede bir karaltı görür. Hanımına sus işareti yaparak tüfeğini doğrulttuğu gibi ateşler. Eve girerler, bir de bakarlar ki ateş ettikleri Hocanın cüppesi... "Hanım ucuz kurtulduk. Ya içinde ben olsaydım!" der.

DENGE BOZULUR

Bir gün Nasreddin Hoca dışarıda beklerken bir arkadaşı gelip Hocaya sormuş:

— Hoca, niçin şu adamların bazıları doğu tarafa, bazıları ise batı tarafa gidiyor.
Hoca cevap vermiş.
— Bu çok iyi. Eğer adamların hepsi bir tarafa giderse, o zaman yerin dengesi bozulur.

CENNETE Mİ CEHENNEME Mİ?

Bir gün padişah Nasreddin Hoca'ya sormuş:
— Hocam ben ölünce cennete mi gideceğim yoksa cehenneme mi, söyle bakayım? demiş.
Hoca padişahtan korkmadan:
— Cehenneme gidersiniz padişahım? demiş.
Padişahın sinirden sakalları titremiş.
Bu durumu gören Hoca:
— Kızmayın padişahım ben aslında size cennete gidersiniz diyecektim, fakat sizin cellatlarınızın kılıçlarıyla ölen suçsuz kişilerden cennet dolup taşmış. Bu yüzden cennete sığmazsınız diye cehenneme gidersiniz dedim, demiş.

ZIKKIMIN KÖKÜNÜ YER

Hoca bu aralar paraya sıkışmıştır. Bir vatandaş gelip hoca'ya:
— Şeytan nerede yaşar diye sormuş.
Hoca cevabı bilmez ama vatandaşı cevapsız bırakmamak için soruyu cevaplar.

Adam giderek Hocayı soru yağmuruna tutmuş ve sonunda Hoca'ya:
— Hocam peki şeytan ne yer? diye sorar.
Hoca da:
— Eğer benim gibi parası yoksa zıkkımın kökünü yer, demiş.

BAK AKILLANDIN

Hoca yolculuk sırasında mola verip bir hana girer, bu sırada hana bir başka yolcu daha girer ve ikisi birden hancıdan yiyecek bir şeyler isterler. Fakat hancı yiyecek olarak sadece bir balık olduğunu söyler ve bunu paylaşmalarını önerir.
Bunun üzerine hoca:
— Ben balığın sadece başını yiyeceğim der.
Hancı bunun nedenini sorar. Hoca da;
— Balık başı zekayı arttırır, balık başı yiyen insan akıllı olur der.
Bunun üzerine diğer yolcu hemen atılır ve hocaya;
— Balık başını niye sen yiyeceksin, ben yemek istiyorum der.
Hoca da itiraz etmez ve balığın koca gövdesini hoca yer ve bir güzel karnını doyurur, diğer yolcu ise sadece balığın başını yer ve sonra hocaya seslenir;
— Sen koca gövdeyi yedin karnını doyurdun ben sadece kafayı yedim aç kaldım der.
Hoca da bunun üzerine şunu der;
— Bak nasıl akıllandın.

ON SENE ÖNCE

Hoca'ya yaşını sorarlar,
— Kırk diye yanıtlar, "Tam kırk!"
On sene sonra aynı soruyu yine "Kırk" diye yanıtlayınca:
— E hocam, on yıl önce de kırk yaşında olduğunu söylemiştin.
Hoca da hiç istifini bozmadan:
— Evladım, ne bileyim on sene öncesini!

ACEMİ BÜLBÜL

Hocanın canı meyve ister dalar birinin bahçesine.
Ağaca çıkar ne bulursa atıştırır. Bahçenin sahibi gelir,
— Ne yapıyorsun benim ağacımda der. Hoca:
— Ben 'bülbülüm' der. Adam:
— Hadi ötde bir görelim.
Hoca ağzını büzerek bir takım sesler çıkarır.
Adam kahkaha atar:
— Hiç böyle bülbül olur mu? der. Hoca:
— Bülbülün acemisi böyle öter der.

EŞEK KAYBOLUNCA

Nasreddin Hoca'nın eşeği kaybolunca arkadaşları üzülmüş ve eşeği aramaya koyulmuştu. Hoca ise bunların arasında:

— Allaha şükürler olsun, diye dolaşıyordu.
Arkadaşları dayanamadı:
— Hoca efendi biz üzülüyoruz ve eşeğini arıyoruz, sen ise şükürler olsun diye adeta seviniyorsun, bu ne haldir? deyince, Hoca:
— Ben eşeğin kaybolmasını değil, eşeğin üzerinde ben olmadığıma şükrediyor seviniyorum, yoksa dört gündür ben de yitik olacaktım.

CANIM ÇIKTI

Adamın biri ölmüş. Yıkamak için camiye götürmüşler. Bizim hocada imammış o zaman. Hoca gasilhaneye girmiş. Aradan bir saat geçmiş çıkmamış. İki saat geçmiş çıkmamış. Üç saat, dört saat derken sonunda çıkmış. Sormuşlar:
— Hoca neden bu kadar geç kaldın? diye.
Hocada:
— Ne yapayım adam dirildi öldürene kadar canım çıktı demiş.

PEŞİN PARA

Nasrettin Hoca tarlada uğraşırken birden alacaklısı gelmiş.
"Nasrettin Hoca, paramı ne zaman ödeyeceksin." demiş. Nasrettin Hoca'da
"Şu gördüğün bölgeden devamlı koyunlar geçer. Ora-

ya bir tel örgü takacam, takılan koyun yünlerini de satıp sana borcumu ödeyeceğim." demiş.
Adam da haklı olarak gülmüş. Nasrettin Hoca buna karşılık adama:
"Ne oldu. Peşin parayı görünce gülersin demiş!"

YUMURTA VE AZ PARA

Nasrettin Hoca bakkaldan yumurta almaktaymış, ama bakkal sürekli küçük yumurtaları seçip veriyormuş. Bir gün dayanamamış bakkala sormuş:
— Niçin hep küçük yumurta veriyorsun?
— Taşıması kolay olsun diye.
Birkaç gün sonra Hoca bu sefer yumurtaları kendi seçmiş, parasının yarısını verip çıkarken bakkal söylenmiş:
— Hoca az para verdin. Bu kadar daha vereceksin.
Hoca:
— Az parayı saymak daha kolay olur der, çeker gider.

EVLİLİĞİN BÖYLESİ

Nasrettin Hoca evlenmeye niyetlenir. Eş-dost bir hatuncağızı öve öve göklere çıkarırlar.
— Şöyle huylu!
— Böyle soylu!
— Dünyalar güzeli... Hoca'nın gönlünü çelerler. Evlenirler. Zifaf gecesi yüz görümlüğünü veren Hoca, geli-

nin duvağını kaldırır. Aman Allah'ım! Çirkin bir gelin. Gelin hanım, kocasına sadakatini göstermek için:
— Hoca efendi, akrabalarından kime görüneyim, kime görünmeyeyim? diye sorar.
Hoca şaşkın:
— Aman hatun, bana görünme de kime görünürsen görün, der.

TERS KADIN

Hoca'nın kaynanası çamaşır yıkarken ırmağa düşmüş, sulara kapılıp gitmiş. Kasaba halkı toplanıp aramaya koyulmuşlar kadıncağızı. Hoca da aramakta, ama herkes gibi ırmağın aktığı yöne değil de geldiği yöne doğru giderek.
Görenlerden biri şaşırmış bu işe ve seslenmiş Hoca'ya:
— Hocam sen ters yöne gidiyorsun!
Hoca şu karşılığı vermiş:
— Sen benim kaynanamı tanımazsın. Dünyanın en ters kadınıydı o. Mutlaka cesedi de ters yöne gitmiştir.

DÜNYA KAÇ METRE?

Arkadaşlarından biri Hocaya sorar:
—Hoca, Dünya kaç metre?
Tam o sırada bir cenaze geçiyormuş yanlarından. Hoca onu göstererek:
—Ona sor! Bak, ölçmüş biçmiş, gidiyor!..

KAÇ PARA EDERİM

Timur bir gün yanına Hoca'yı da alarak Akşehir'in Meydan Hamamına gider. Soyunup peştemallara sarınıp sıcak bölüme geçerler. Göbek taşına oturup bir yandan sohbet ederken bir taraftan da terlerler. Derken Timur Hoca'ya sorar:
— Hoca sen bir deryasın! kıymet biçmesini bilirsin. Şu halimle ben kaç para ederim?
Hoca;
— On akçe, der.
Kendisine bu kadar az kıymet biçilmesi Timur'u küplere bindirir.
— Bre gafil sen bana nasıl on akçe ettiğimi söylersin bu parayı sadece peştemal yapar! deyince
Nasreddin Hoca boynunu bükerek;
— Peştemali hesaba kattım zaten! der.

SON ÜMİT

Nasreddin Hoca'nın çok sevdiği eşeği bir gün kaybolmuş. Hoca, eşeği aramak için kırlara doğru açılmış. Bir taraftan da bir türkü söylemeğe başlamış. Böylece dolaşıp dururken bir tanıdığına rastlar.
Tanıdığı:
— Hoca böyle türkü çağıra çağıra nereye gidiyorsun? diye sorar.
Hoca eşeğini kaybettiğini, onu aramakta olduğunu söyler.

Ahbabı:
— Bu ne iştir Hoca efendi? Benim bildiğim, insan eşeğini kaybetti mi, feryat eder, ağlar, dövünür. Sen ise türkü söylüyorsun!
Hoca, ona önündeki tepeyi gösterir.
— Bir ümidim şu dağın ardında kaldı. Eşeğimi orada da bulamazsam, o zaman siz dinleyin bendeki feryadı!

YAS TUTUYORLAR

Hocanın tavuğu ölmüş. Civcivleri de başı boş kalmış. Hoca kaybolmalarından korkmuş. Boyunlarına siyah bezler bağlamış. Sonra da içlerinden ip geçirip birbirlerine bağlamış. Meraklı bir komşusu sormuş:
— Hoca o civcivlerin boynundaki de nedir?
Komşusunun merakına içerleyen Hoca, cevabı yapıştırmış:
— Anneleri öldü de yas tutuyorlar.

KİMİN İÇİ YANIYOR?

Bir bayram günü Nasreddin hoca komşusuna ziyarete gidince komşusu, her misafire olduğu gibi hocaya da bal ikram ediyor. Bir tepsi içinde gelen koca bir petek baldan her gelen misafir bir iki kaşık alır, çekilirmiş. Komşusu bakar ki hoca kaşığı daldırdıkça daldırıyor. Peteğin yarısına gelmiş, daha duracağa da benzemiyor, dayanamayıp:

— Aman hoca fazla yeme yoksa için yanar, deyince hoca cevabı yapıştırır:
— Kimin içinin yandığını Allah bilir.

İKİNİZİN İSTEĞİNİ DE YERİNE GETİRDİM

Hoca, çocukken bir sabah annesi, onu çağırmış:
— Oğlum, biz komşularla göl kıyısında çamaşır yıkayacağız. Bugünlerde hırsızlar çoğaldı. Sen burada kal da eve kapıya sahip ol, aman evladım, göreyim seni, demiş. Annesi gittikten bir süre sonra komşulardan biri gelerek:
— Annene söyle, akşama size geleceğiz, demiş.
Küçük Nasreddin, ne etsin de bu haberi annesine ulaştırsın? Düşünmüş, taşınmış, sonra kapıyı yerinden söktüğü gibi sırtlanmış ve göl kenarına varmış. Annesi bu hali görünce şaşırakalmış.
— Ne oluyoruz, yaptığın nedir senin evladım? diye bağırmış. Hoca da şu cevabı vermiş.
— Sen bana 'Kapıya sahip ol! demedin mi? Ben de oldum işte! Hem senin isteğini yerine getirdim, hem de komşunun!..

İPE UN SERMEK

Nasreddin Hoca, münasebetsiz komşusunun hemen her gün olur olmaz bir şeyler istemesinden bıkmış.

Komşu bir gün çamaşır ipi isteyince:
— Veremem, demiş, ipe un serdim.
— Aman Hoca, ipe un serilir mi?
— Adamın vermeye niyeti olmayınca ipe de un serer.

AY KUYUYA DÜŞMÜŞ

Havanın güzel olduğu bir gece, Nasreddin Hoca, kuyudan su çekmeye karar vermiş. Elindeki kovası, bahçedeki kuyunun başına gelmiş. Tam kovayı sarkıtacağı sırada, kuyunun içinde Ay'ı görmüş:
— Eyvah!... Ay kuyuya düşmüş, diye üzülmüş. Sonra da Ay'ı kuyudan nasıl çıkaracağını düşünmüş.
Aklına kovası gelmiş. Ay'ı kova ile çıkarmaya karar vermiş. Kovayı, ipiyle kuyuya sarkıtmış. Kova, suya değince de, çekmeye başlamış. Su ile ağırlaşan kova bir süre sonra, kuyu duvarına takılmış.
Nasrettin Hoca, kovayı ne kadar çekmek istemişse de bir türlü becerememiş. Kan ter içinde kalmış. Kovanın yukarı gelmemesinin nedenini, Ay'ın ağır olmasına vermiş. Kovayı, yukarı çekmeyi sürdürmüş. Fakat ipe o kadar şiddetli asılmış ki, ip kopmuş. Nasreddin Hoca da, sırt üstü yere yuvarlanmış.
Nasrettin hoca, gözünü açınca, gökte parıldamakta olan Ay'ı görmüş,
— Oh, çok şükür!.. Epeyce uğraştım, epeyce yoruldum, ama sonunda Ayı kuyudan çıkarmayı başardım... Bu iş bütün yorgunluğuma değdi... demiş.

EVİN SAHİBİYİM

Hoca, bir gece gürültüyle uyanmış. Bakmış, bir hırsız eşyaları topluyor. Adamdan korkmuş. Sesini çıkartmamış. Ama peşine de düşmüş. Az sonra, durumu fark eden hırsız, kızgınlıkla sormuş:
— Beni neden takip ediyorsun bakayım?
Hoca sakin ve pişkin şekilde yanıtlamış.
— Çaldığın evin sahibiyim de.

ON AKÇE OLSUN

Nasreddin Hoca, bir gece, derin uykuda iken, rüya görmüş. Tanımadığı kişiler, Hocaya dokuz akçe vermişler. Hoca, dokuz akçeyle yetinmek istememiş:
— Hiç değilse, bunu on akçe yapın, demiş. Fakat, parayı verenler, dokuz akçeden fazlasını, bir türlü vermek istememişler.
Tam bu sırada, Hoca uykusundan uyanmış. Birde bakmış ki, avucunda, değil dokuz akçe, bir akçe bile yok. Şaşırmış, üzülmüş. Gözlerini sıkı sıkı kapayarak, elini uzatmış:
— Vazgeçtim on akçeden, dokuz akçe olsun demiş.

O ZAMAN İŞ DEĞİŞİR

Nasreddin Hoca, kadılık yaparken, iyi giyimli, efendiden birisi, karşısına çıkar:

— Kadı Efendi, der. Senin inek, benim ineğin karnına boynuz vurup öldürdü. İneğimin parasını ödemen gerek!
Nasreddin Hoca, ne diyeceğini bilemez:
— İki hayvan kavga etmiş... Bu durum sahibini ilgilendirmez. Sahibinin bir suçu yok ki!.. der
Bunun üzerine adam:
— Yanlış söyledim, kadı efendi!... der. Ölen inek benim değil, senin ineğindi...
Hoca, adamın kurnazlığını anlar, bilmezlikten gelir:
— Bak o zaman iş değişir, der. Ver ineğimin parasını!...

KONYA İLE AKŞEHİR HAVASI

Bir gün, Nasrettin Hoca, Konya'ya gitmiş.
Camide vaaz verirken:
— Ey müslümanlar demiş, sizin kentinizin havasıyla bizim Akşehir'in havası birdir.
Vaazı dinleyenlerden biri:
— Nereden biliyorsun Hoca'm? diye sormuş. Hoca:
— Akşehir'de ne kadar yıldız varsa, Konya'da da o kadar var, yanıtını vermiş.

SEN Mİ SATACAN BEN Mİ?

Nasreddin Hoca, günün birinde turşu satmaya karar verir. Turşu tenekelerini hazırlar, eşeğine yükler. So-

kak sokak dolaşarak turşu satmaya başlar:
— Haydi turşu!.. Turşu!...
Fakat Hoca, tam böyle bağırırken, eşeği de anırmaya başlar. Öyle gür bir sesle anırır ki, Hoca'nın sesini bastırır.
Hoca, bir türlü istedi gibi bağıramaz. Son bir kere daha bağırır. Fakat eşek, yine durmaz. O da yüksek sesle anırır. Hoca dayanamaz:
— Yeter artık! diye eşeğe bağırır... Turşuyu sen mi satacaksın, yoksa ben mi?

ELİMİ AL

Mahallenin cimri kasabı, göle düşmüş. Başlamış çırpınmaya. Hemen koşup köylüler:
— Elini ver, elini ver diye bağırmışlar. Ama adam elini uzatmamış. Tam göz göre boğuluyormuş ki Hoca seslenmiş:
— Yahu! o vermeyi bilmez. "Elimi al" diye bağırsanıza.

HOCANIN TAVUKLARI

Nasreddin Hoca, tavuklarını satmak için, komşu kasabaya doğru yola çıkar. Tavuklarını kafese koyarak eşeğine yükler.
Bir süre sonra da, kafes içinde sıkışıp kalan tavuklara acır:

— Şunları kafesten çıkarıyım da rahat rahat gitsinler, diye söylenir.
Kafesi açınca, horoz önde, tavuklar arkada, hepsi yola dökülürler. Şaşkınlıkları geçince etrafa dağılırlar. Hoca, onları nasıl topluyacağını bilemez. Hemen eline bir sopa alır. Horozu döverken:
— Gece yarısı sabah olduğunu bilirsinde, öğle zamanı kasabanın
yolunu neden Bilmezsin!...diye söylenir.

EŞEĞE TERS BİNMEK

Nasreddin Hoca bir gün yabancı bir köyde misafir olur. Cuma günü O'nu kürsüye çıkartırlar.
Güzel bir vaaz verir. Herkes pek memnun kalır.
Camiden çıkınca Hoca'nın eşeğini getirirler.
Köylülerin hepsi ona hizmet etmek için adeta yarışırlar.
Hoca eşeğine binerken biraz düşünür. Sonra eşeğin üstüne ters oturur.
Herkes hayret eder.
Köylülerden biri dayanamayıp sorar:
— Hocam der. Kusura bakma ama eşeğe niçin ters bindiğini sorabilir miyim?
Hoca tebessüm ederek cevap verir:
— Eğer düz binip önünüze geçseydim siz arkada kalacaktınız. Siz öne geçseydiniz, bu defa ben arkada kalmış olacaktım. Böyle ters binince size arkamı dönmemiş oluyorum. Sebebi bu.

KEDİ NEREDE? ET NEREDE?

Nasreddin Hoca, kasaptan iki kilo et alır, eve gelir. Karısına, akşama et yemeği yapmasını söyler. Yeniden işine döner.
Hoca gidince, karısı yemeği pişirir. Sonra da komşularını çağırır onlara bir yemek ziyafeti çeker. Akşam olunca Hoca eve gelir. Karısı sofrayı hazırlar. Bir tabak bulgur pilavını Hoca'nın önüne koyar. Hoca pilâvı görünce şaşırır:
— Hanım, hani et yemeği yapacaktın? Bunun için sana gündüz, kasaptan aldığım eti getirmiştim... Karısı, üzgün üzgün önünde bir süre durur. Sonra, başını önüne eğerek:
— Ah Efendi, sorma! Bizim hınzır kedi, etin hepsini yemiş, der. Bu duruma çok kızan Hoca, oturduğu yerden fırlar, eline bir sopa alır. Kediyi, iyice dövmeye karar verir. Bir köşede büzülüp oturmakta olan sıska kediyi görünce kuşkulanır. Karısına:
— Bana hemen teraziyi getir, der.
Terazi gelince, Nasreddin Hoca, kediyi tartar. Kedi, iki kilo ağırlığındadır. Büsbütün şaşıran Hoca, karısına:
— Kedinin ağırlığı iki kilo, kasaptan, aldığım et nerede? Diyelim ki et budur, kedi nerede?

AKLIN VARSA GÖLE KOŞ

Hoca, bir gün kırlardan topladığı çalı çırpıyı eşeğine yükleyip evine götürürken:

— Acaba, yaş çırpı da kurusu gibi yanar mı? diye düşünüp şeytana uyarak çalı çırpıyı yakmış.
Aralarında kuruları da bulunan çalı çırpı hemen alev almış. Eşekte bir korku, bir telaş, huzursuzluktur başlamış tabi. Zavallı eşek can havliyle anıra anıra, çifte ata ata dört nala koşmaya başlamış. Bu durum karşısında Hoca da eşeğin arkasından koşmaya başlamış ve olanca gücüyle bağırmış:
— Hey eşek aklın varsa göle koş!

KİTAPTAKİ YANLIŞLAR

Akşehir'e tayin edilen bir kadı halkın silah satmasını ve taşımasını yasak etmiş. Küçük bir çakı taşımak bile suç sayılır olmuş. Görevli memurlar sıkı bir takibe ve kontrole başlamışlar. Bir gün Nasreddin Hoca'nın üstünü başını aramışlar. Kuşağın arasından kocaman bir bıçak çıkınca şaşırmışlar:
— Bu da nedir Hoca? Sen silah taşımanın yasak olduğunu bilmiyor musun? demişler.
— Evet demiş, biliyorum. Fakat bu silah değildir. Kitaplarda bir takım yanlışlar görünce bunun ucuyla kazıyorum.
— Olur mu Hocam demişler, kocaman bir bıçakla kitaptaki yanlışlar kazınır mı?
— Olur, olur demiş Hoca. Siz bilmiyorsunuz ama bazı kitaplarda o kadar büyük yanlışlar var ki bu bıçak bile küçük kalıyor...

KIRMADAN ÖNCE DÖVMEK

Evde su kalmayınca, Nasreddin Hoca, kızının eline testiyi verir:
— Şunu çeşmeden doldur da getir, der. Arkasından da iki tokat vurarak, kulağını çeker:
— Sakın testiyi kırayım deme ha!... diye bağırır.
Kızcağız, ağlayarak çeşmeye doğru yürür. Bu durumu görenler, Nasreddin Hoca'ya söylenirler:
— Hocam, bu ne insafsızlık? Çocuk testiyi kırmadı ki!... Niye dövüyorsun zavallı yavrucuğu?
Nasreddin Hoca, gülerek cevap verir:
— Testiyi kırdıktan sonra dövsem ne olacak? Testi yerine mi gelecek? Kırmadan dövdüm ki, dikkatli olsun.

GÖLE YOĞURT ÇALMAK

Kimi insanlar olmayacak hevesler peşinde koşup durur. Nasreddin Hoca böylelerine ders vermek istemiş bir gün.
Elinde koca bir bakraç yoğurt mayasıyla gölün kenarına gelmiş. Başlamış kaşık, kaşık dökmeye:
— Ne yapıyorsun Hoca? demişler.
— Göle yoğurt mayası çalıyorum, demiş kıs kıs gülerek.
— Olur mu demişler, göl yoğurt mayası tutar mı hiç?
Hoca cevabı yapıştırmış tabii.
— Ya tutarsa...

AY ESKİRSE NE OLUR?

Hoca, her konuda derin bilgi sahibi olması nedeniyle; tanıdık, tanımadık herkesin başvurduğu biridir.
Günün birinde, uzun bir yolculuktan, yorgun olarak evine dönerken, yanına tanımadığı iki kişi yanaşır. Selâm verdikten sonra, içlerinden biri sorar:
— Hoca Efendi, bizim bir derdimiz var...
Hoca:
— Söyleyin bakalım, diye cevap verir.
— Merak eder dururuz. Yeni ay girince, eski Ayı ne yaparlar?
Hoca gülerek cevap verir:
— Eski Ay'ı nemi yaparlar?
Bunu bilmeyecek ne var! Kırpıp kırpıp yıldız yaparlar.

DÜŞÜNEN HİNDİ

Küçük bir papağanın on altına satıldığını gören Nasreddin Hoca, bir koşuda evine gidip kümesteki hindisini tutmuş. Apar topar pazara götürüp başlamış bağırmaya:
— Satılık hindii.... Satılık hindii.... Yirmi altına satılık hindi !
Şaşırmış pazardakiler.
— Yahu hocam demişler. Bir hindinin yirmi altın ettiği nerde görülmüş.
— Ne olmuş diye çıkışmış Hoca. Demin bir kuşu on altına sattılar.

— Ama o papağandı demişler. Tıpkı insan gibi konuşuyor o.

— Olsun demiş Nasreddin Hoca. O konuşuyorsa bu da düşünür.

HOCANIN BALIK SEVDASI

Hoca, akşam eve dönerken, komşusundan gelen yemek kokularına imrenir. Komşusu o akşam, balık kızartması yapmaktadır.

Hoca, kapıya yanaşır. İçeriden gelen konuşmaları dinler. Ev hanımı kocasına:

— Aman efendi, der. Hoca, her zamanki gibi kokuyu alıp gelebilir. Kızaran balıkların irilerini, oğlan için dolaba saklayalım.

Hoca, bu konuşmalardan sonra, kapıyı çalar:

— Komşum, bereketli olsun. Balığın güzel kokusu, bütün mahalleyi sardı... der.

Komşusu Hoca'yı içeriye alır. Yemeğe otururlar. Hoca, önüne konan küçük balıklara bakar, bir şeyler mırıldanır. Sonra, balığı kulağına götürür, onu dinler gibi yapar. Bu durumu gören ev sahibi sorar:

— Hayrola Hocam, ne yapıyorsun öyle?

— Balıkla konuşuyorum. Bunları pek küçük gördümde, "siz hangi deryanın kuzularısınız?" diye sordum.

Komşu, hayretle:

— Peki, o sana ne dedi? diye sorar.

Hoca hemen cevap verir:

— Biz çok küçüğüz, nereden geldiğimizi bilemeyiz.

Dolapta büyüklerimiz var. Siz, onlara sorun, dedi.
Ev sahibi, dolaptaki balıkları sofraya getirir.

HIRSIZIN HİÇ Mİ SUÇU YOK?

Bir gün Nasreddin Hoca'nın eşeği çalınmış. Can sıkıntısı içinde durumu komşularına anlatınca her kafadan bir ses çıkmaya başlamış. Birisi:
— Hocam demiş niye ahırın kapısına iyi bir kilit takmadın sanki?
Bir başkası:
— Evine hırsız giriyor da senin nasıl haberin olmuyor? diye konuşmuş.
Bir diğeri de:
— Hocam demiş, kusura bakma ama eşeğin çalınmasına en büyük sebep yine sensin. Çünkü doğru dürüst bir ahırın bile yok. Nerden baksan dökülüyor.
Hoca kızmış:
— Yahu demiş, iyi, güzel de kabahatin hepsi benim mi? Hırsızın hiç mi suçu yok?

EŞEĞE YAZIK OLUR

Nasreddin Hoca hayvanlarına ağır yükler yükleyip onlara eziyet eden köylülerine iyi bir ders vermek istemiş. Bir gün eşeğine binerek köy meydanında dolaşmaya başlamış. İşin garibi dolu bir çuvalı da sırtına vurmuş, öyle geziyor.

Köy halkı şaşırıp sormuşlar:
— Yahu Hoca Efendi, hem eşeğin üzerindesin, hem çuvalı sırtında taşıyorsun. Nasıl bir iş bu?
Hoca cevabı yetiştirmiş hemen:
— Zavallı hayvan, demiş. Zaten gece gündüz demeden hizmet ediyor bana. Sırtına bindiriyor, yüklerimi taşıyor, değirmeni çeviriyor. Bu kadar hizmetlerinden sonra dolu çuvalı da ona yüklemek istemedim. Bu yüzden ben aldım sırtıma çuvalı.

YEM

Nasreddin Hoca, bir gün eşeğiyle odun getirir. Hava da çok sıcak olduğundan hem kendisi hem eşeği kan ter içinde kalırlar. Hoca odunları indirir, yerleştirir. Karısına:
— Hatun, eşek çok yoruldu, onu bir yemleyiver, diye seslenir.
Karısı da o gün yorgun olduğundan:
— Efendi, benim işim var, sen yemleyiver, der.
Hoca sıcaktan iyice bunalmış vaziyette kendini minderin üzerine atar.
— Olmaz! Hiç halim yok, veremem, sen ver der.
Eşeğin yemini sen vereceksin ben vereceğim derken iş kızışır. Epeyce tartışırlar. En sonunda Hoca:
— Pekala! Öyleyse aramızda bahse tutuşalım. Kim önce konuşursa eşeğe o yem versin. Anlaştık mı? der.
Karısı teklifi kabul eder. İkisi de birer köşeye çekilirler. Az sonra kadın, el işini alarak komşuya gider. Hoca

bir şey diyemez. Aradan biraz zaman geçer. Eve bir hırsız girer. Hoca'yı görünce kaçacak olur. Ama Hoca'dan hiç ses ve tepki gelmediğini anlayınca kaçmaktan vazgeçer. Ortalıkta ne var ne yoksa koca bir çuvala doldurur. Hoca'nın gözleri önünde çuvalı yüklenerek evden çıkar. Karısı epey zaman sonra eve girip evin halini görür. Eşyaların yerinde yeller esmektedir. Telaşla:

— Bu ne hal? Efendi! diye çığlık atar.

Hoca yattığı yerden doğrularak:

— Haydi bakalım Hatun, bahsi kaybettin. Eşeğin yemini sen vereceksin! der.

HANGİMİZİ SEÇERSİN

Hocanın iki karısı varmış. Bir gün:
— En çok hangimizi seviyorsun diye sorarlar.
Hoca söylemek istemez.
Yeni karısı:
— İkimizde göle düşsek, önce hangimizi kurtarırdın? demiş.
Hoca eski eşine,
— Sen biraz yüzme biliyordun değil mi? der.

DAM KARANLIK

Bir gün hoca yüzüğünü düşürür. Dışarıya aramaya çıkar. Yoldan geçen birisi sorar:
— Hoca ne arıyorsun? Hoca;

— Yüzüğümü düşürdüm onu arıyorum, der. Adam;
— Nerede düşürdün, diye sorar. Hoca;
— Damın içersinde düşürdüğünü söyler.
— Neden burada aradığını, sorar. Hoca;
— Dam karanlık olduğu için burada arıyorum, der.

YORGAN GİTTİ KAVGA BİTTİ

Nasrettin Hoca, bir kış günü, gece yarısı kapısının önünde bir gürültü duymuş
Soğuktan dolayı yorganı sırtına alarak dışarı çıkmış. Birkaç kişinin kavga ettiğini görmüş. Hemen yorganı bir kenara bırakarak onları ayırmaya çalışmış.
Bu arada açık gözün biri, Hoca'nın yorganını çalıp kaçmış. Az sonra Hoca'nın gayretleriyle kavga da bitmiş, taraflar barışmışlar herkes evinin yolunu tutmuş. Ama hoca evine yorgansız dönmüş.
Karısı:
— Kavga neden çıkmış, öğrendin mi? diye sormuş.
Hoca:
— Hatun, ne sorup duruyorsun... Kavga bizim yorgan üzerineymiş. Yorgan gitti, kavga bitti.

KUL TAKSİMİ Mİ ALLAH TAKSİMİ Mİ?

Bir gün Nasrettin Hoca'ya dört çocuk gelir. Ellerinde de bir torba ceviz vardır.

— Hocam, biz bu cevizleri bulduk. Ama aramızda paylaştıramadık. Ne olursun bizlere bunu paylaştır.
Nasrettin Hoca:
— Peki çocuklar, der. 'Kul taksimi' mi yapayım, yoksa 'Allah taksimi' mi?
Çocuklar eşit bir paylaşım olacağı düşüncesiyle Allah taksimi isterler.
Hoca torbayı açar. Bir avuç cevizi birinci çocuğa, üç beş tanesini ikinci çocuğa
Yedi sekiz tanesini üçüncü çocuğa, dördüncü çocuğa da hiç vermez.
Bu paylaşıma çocuklar şaşırıp kalır. Bu paylaşımı kafamız almadı derler.
Hoca gülümseyerek şöyle der:
— Allah taksimi böyle olur çocuklar. O, lütufla dağıtır. Dilediğine çok, dilediğine az verir, kimine de hiç vermez. Kul taksimi yap deseydiniz, O zaman eşit şekilde dağıtırdım.

YE KÜRKÜM YE

Nasrettin Hoca'yı bir düğün yemeğine çağırmışlar.
Hoca, eski kıyafetleriyle düğüne gitmiş. Ama kimse Hoca'yı sofraya davet etmemiş, hoş geldin dememiş.
Hoca çok üzülmüş, evine geri dönmüş.
En güzel elbiselerini ve kürkünü giyerek tekrar düğün evine gitmiş.
Düğün sahipleri bu kez Hoca'yı çok güzel karşılamışlar. Önüne çeşit çeşit düğün yemeklerini koymuşlar.

Hoca, kürkünü sofraya uzatmış:
— Ye kürküm ye! demeye başlamış.
Herkes şaşırmış:
— Ne yapıyorsun Hoca efendi hiç kürk yemek yer mi? Hoca:
— Yapılan ikram bana değildir, kürkümedir. Yemeği o hak etti kürküm yesin.

ALTI KAĞIT

Bir gün Nasreddin hoca pazarda ayakkabı satar. Altı kağıt Altı kağıt diye bağırır durur. Az sonra bir müşteri gelir altı kağıt verir gider. Ertesi gün adamın ayağına su girer ayakkabıyı çıkarır bir bakar ki ayakkabının altı kağıttan.
Hemen Nasreddin Hoca'nın yanına gider ve derki;
— Yahu Hocam bu ayakkabının altı kağıt.
Hoca da derki;
— Bire adam ben sana demedim mi altı kağıt diye.

RAHMET YAĞMURU

Yağmurlu bir günde hoca camdan bakarken komşusunun koşa koşa yağmurdan kaçtığını görmüş.
Hoca:
— Utan utan koca adam Allah'ın rahmetinden mi kaçıyorsun! demiş. Adam utanmış ve yavaş yavaş yürümeye başlamış ama fena halde ıslanmış.

Başka bir yağmurlu günde aynı adam camdan bakarken bu sefer Hocanın yağmurdan kaçtığını görmüş ve;
— Hoca ne diye Allah'ın rahmetinden kaçıyorsun? demiş. Hazır Cevap hoca:
— Ben Allah'ın rahmetinden kaçmıyorum sadece rahmeti çiğnemek istemiyorum o kadar demiş.

BOŞ MEZAR

Nasreddin Hoca bir gün mezarlığa gider, sahipsiz boş bir mezarlık görür ve içine girip yatar. Bir süre geçtikten sonra mezarlığa gelen bazı kişiler boş bir mezarın içinde Hocanın yattığını görürler. Hayretle sorarlar hocaya:
— Hocam neden girip yattınız mezara? diye.
Hoca şöyle cevaplandırır soruyu:
— Sorgu meleklerini bekliyorum ölmeden önce soracakları soruları öğreneyim de öldükten sonra zorluk çekmeyeyim diye.

BEN ZATEN İNECEKTİM

Nasreddin Hoca bir gün eşeği ile yolda giderken hayvan ürkmüş ve Hoca'yı sırtından atıvermiş.
Bunu gören mahalleli Hocanın başına toplanmışlar ve alay edip başlamışlar gülmeye.
— Hoca eşekten düştü, eşekten düştü hoca diye.
Hoca hiç bozuntuya vermeden kendisine gülenlere:

— Ne gülüyorsunuz canım düşmeseydim zaten inecektim demiş.

İYİ TERBİYE VERMEMİŞ

Nasrettin Hoca'nın bir buzağısı varmış, Bir gün ahırdan kaçar. Bahçedeki çiçek ve sebzeleri çiğneyerek zarar verir. Çok sonra Hoca bu durumu görünce canı sıkılır. Eline bir sopa alır başlar ahırda bağlı bulunan buzağı'nın annesi ineğe vurmaya. Hoca'nın karısı bu işe şaşar der ki;
— Yahu Hoca efendi! Bahçeyi buzağı harap etti, sen ne diye ineği dövüyorsun. Hoca:
— Bilmez gibi konuşma hatun! İnek yavrusuna iyi terbiye verseydi buzağısı bunları yapmazdı.

İNSAN NİÇİN YAŞAR?

Hoca yaşlanmıştır. Geçim sıkıntısı da çekmektedir. Bir hemşehrisi:
— Hoca efendi, insanlar niçin yaşar? diye sorunca:
Hoca hiç düşünmeden:
— Yokuş çıkmak ve borç ödemek için, evladım!

MİNARE NASIL YAPILIR

Nasreddin Hoca, Konya'ya giderken yolda bir köylüsüyle karşılaşır. Selamlaşırlar, birlikte yol almaya baş-

larlar. Köylü o güne kadar hiç minare görmemiştir. Konya'ya yaklaşırken, minareleri görür ve nasıl yapıldıklarına bir türlü akıl erdiremez. Hoca'ya sorar:
— Hoca efendi, şu sivri sivri yüksek şeyleri nasıl yaparlar?
Hoca gülerek cevap verir:
— Bunu bilmeyecek ne var? Kuyuların içini dışına çevirirler, olur biter.

GEÇİNMEYE GÖNLÜ OLMADIKTAN SONRA

Nasreddin Hoca, karısıyla hiç geçinemiyormuş. Bir gün aralarında büyük bir kavga çıkmış. Hoca karısını kadıya şikayet etmiş. Kadı, Nasreddin Hocaya sormuş:
— Karınızın babasının adı ne?
Hoca:
— Bilmiyorum
Kadı:
— Karınızın adı ne?
Hoca:
— Onu da bilmiyorum, cevabını verince, Kadı, sinirlenerek bağırmış:
— Be hey adam, yıllardır bu kadınla evlisin, daha adını bile öğrenemedin mi?
Nasreddin Hoca, hiç sükünetini bozmadan:
—Sinirlenmeyin, Kadı Efendi, demiş. Benim geçinmeye gönlüm olmadığı için, bugüne kadar adını bile sormadım.

YATMADAN ÖNCE ÜZÜM

Bir tanıdığı Hoca'nın evine konuk olur. Akşam yemeği yenilir, içilir. Gece yarısına kadar tatlı sohbet edilir. Tam yataklar hazırlanmaya başlandığı sırada, konuk bir türlü mırıldanmaya başlar:
"Bizim eller bizim eller, yatar iken üzüm yerler"
Hoca konuğun böyle ince bir şekilde üzüm istemesine gülümser. Eliyle konuğa yatacağı yeri gösterirken, diliyle de şöyle der:
"Bizde böyle adet yoktur, saklarlar da güzün yerler"

ANNENİ DARILTTIN

Hocanın eşeği ölmüş. Pazardan yeni bir eşek almış. Hoca, eşeğin yularını çekip ardına bakmadan yoluna devam ederken iki hırsız sözleşip yavaşça eşeğin yularını çözerek kaçırmışlar.
Biri eşeği pazara götürüp satmış. Öteki de yuları başına geçirip Hoca ile beraber evinin kapısı önüne kadar gelmiş. Hoca arkasına dönüp eşek yerine adamı görünce şaşa kalmış.
— Ayol sende kimsin?
Kurnaz hırsız, sesine de üzüntülü bir ton vererek uydurduğu şu hikayeyi anlatmış:
— Ah Hoca hazretleri, cahillik. Annemin huzurunda bir gün eşeklik ettim. Aşırı derecede canını sıktım. O da:
— "Dilerim eşek olasın"diye beddua etti. Derhal eşek

oldum. Beni pazara götürüp sattılar. Siz aldınız. Sizin mübarekliğiniz sebebiyle tekrar adam oldum!
Hoca da:
— Haydi bir daha öyle haylazlık etme! diyerek adamı salıvermiş.
Ertesi gün tekrar eşek almak için pazara gitmiş. Bakmış ki dünkü aldığı eşek, yine satıcının elinde dolaşıyor. Hoca hemen eşeğin kulağına eğilmiş ve gülerek şöyle söylemiş:
—Seni gidi haylaz seni, galiba sözümü dinlemeyip yine anneni darılttın!

HEYBEDE NAR BİTMİŞ

Adamın birinin aklına bazı sorular takılıyormuş. Okumaları, araştırmaları fayda etmeyince, Hocaya danışmaya karar vermiş. Arayıp bulmuş onu ve dilediği soruları sormuş:
— Hayatta her şeyin bir karşılığı olmalı evlat... diye cevap vermiş Hoca
— Ne demek istiyorsun?
— Ben sorduklarının cevabını veririm, ama her cevap için heybendeki narlardan bir tane isterim.
Adam bu teklifi kabul eder ve başlar soruları sormaya. Her cevaba karşılıkta bir nar verir. Sonunda bir soru kalmış, onu da sorar:
— Hoca işte bak bu soruya cevap veremem, demiş
Her sorusuna cevap alan adam şaşırarak:
— Neden cevap veremezsin Hoca efendi?

Hoca tatlı tatlı gülmüş:
— Görmüyor musun, heybende nar kalmadı...

KAYBOLAN AYAKLAR

Çocuklar bir gün dere kenarında oynuyormuş. Nasreddin Hoca'yı gören çocuklar, 'hadi Hoca'ya şaka yapalım' demişler.
Çocuklar ayaklarını birbirine dolaştırıp:
— Hocam ayaklarımız karıştı, bulamıyoruz, demişler.
Hoca şöyle bir bakmış eline bir sopa almış. Çocukların ayaklarına ufaktan dokunmaya başlamış. Çocuklar hemen ayaklarını çekmişler. Hoca:
— Gördünüz mü? Nasıl da buldunuz ayaklarınızı!

EKSİK ALTIN

Hoca bir gün caminin avlusunda arkadaşlarıyla otururken tanımadığı bir adam yanına yaklaşır; elindeki altını göstererek:
— Hoca efendi şunu bozuversene, diye Hocaya uzatır.
Hocanın hiç parası yoktur cebinde. "Param yok, bozamam" demeye de utanır...
— Şimdi sırası mı para bozmanın, görüyorsun işim var, diyerek adamı başından savmak ister, ama adam halden bir türlü anlamaz. Hoca sonunda çaresiz kalır:
— Ver bakalım şunu, diye altını eline alır. Şöyle bir evirip çevirir, eliyle tartar. Sonra da adama geri verir.

— Eksik bu altın bozamam ben, der.
Adamın inadı üstündedir:
— Ne kadar eksikse, o kadar eksiğine boz, der.
Hoca artık dayanamaz;
— Evlat, o kadar eksik ki, bir altın da üstüne vermen gerekir!

HOCA NASİHATI

Bir gün sohbet esnasında Hocaya münasebetsiz soru sorarlar:
— Hocam sen senden önce evlenenlere mi daha çok kızarsın yoksa senden sonra evlenenlere mi?
Hoca:
— Her ikisine de kızarım.
— Neden?
— Bende önce evlenenlere, evleneceğim zaman bana gerekli öğüdü vermedikleri için kızarım. Benden sonra evlenenlere de, evlenmeden önce gelip benden öğüt almadıkları için kızarım.

BAŞINI BİR DAHA EVDE UNUTMASIN

Nasreddin Hoca'nın Konyalı bir arkadaşı vardı. Ticaretle uğraşan bu adam sık sık Akşehir'e gelir, Hoca'nın evinde konuk olur, yer, içer, yatarmış. Sonra da çekip gidermiş. Her ayrılışında da:
— Hocam, ben her gelişte sana uğruyorum. Sen de

Konya'ya gelirsen beni aramayı unutma... bizde kalırsın derdi. Hoca'nın bir gün Konya'ya işi düştü. Şehre varınca, arkadaşını hatırladı ve ziyaret için gider... Hem gönlü hoş olur hem de rahat ederim, yatarım, diye düşünür. Kapıyı tam çalacağı sırada, pencerede perde aralığından dışarı bakan bir baş gördü. Tamam arkadaşımı buldum diye sevindi Hoca. Zili çaldı. Kapıyı bir kadın açtı. Kadın:
— Kimi aradınız? diye sordu.
— Ben Akşehir'den geliyorum, kocanızın yakın arkadaşıyım, diyecek oldu.
Ama kadın, Hoca'nın sözünü keserek
— Hoş geldiniz safalar getirdiniz... Ama ne yazık ki, kocam evde yok, bir işi için şehir dışına çıktı. Ne zaman geleceğini de bilmiyorum.
Bu sözleri duyan Hoca, çok şaşırır. Bir evin penceresine, bir de kadının yüzüne bakarak:
— Demek öyle! dedi...
Hoca evden ayrılıp giderken, birden geri döndü. Kadına sitemli bir sesle:
— Kocana benden selam söyle, bir daha evden ayrılırken, sakın başını pencerede unutmasın! dedi.

EN TEHLİKELİ YARATIK

Bir gün arkadaşları Hoca'ya
— Dünyada en tehlikeli ve korkunç yaratık hangisidir? diye sormuşlar Hoca:
— İnsandır, demiş.

Arkadaşları bu cevaba şaşkınlıkla itiraz etmişler ve neden diye sormuşlar?
— Köpek ekmeğini yediği adama hiyanet etmez. Yılan kendine dokunmayanı sokmaz. Kurt, insanın bulunduğu yerlerden uzakta yaşar. Halbuki insan, hiç böyle değildir. O kendisine iyilik edene bile fenalık yapar. Siz hiç dünyada, kendi cinsine insanlar kadar kötülük eden bir varlık gördünüz ve duydunuz mu?

TEMİZLİK KADIYA DÜŞER

Evleri birbirine bitişik iki komşu varmış.
Bir gün bunların evlerinin sınırına bir köpek pislemiş. Pisliği sen kaldıracaksın, ben kaldırmıyacağım diye aralarında bir hayli tartışmışlar.

Nihayet kadıya gitmişler.
O sırada Hoca'da kadının yanında bulunuyormuş...
Kadı, bunların davasını Hoca'ya havale etmiş.
Hoca iki komşuya sormuş:
— Köpeğin pislediği yol umumi yol mudur? Yoksa hususi mi?
İki komşu ittifakla cevap vermiş:
— Umumi yoldur.
Hoca hiç düşünmeden:
— Madem ki evinizin önünden geçen yol umumidir, o köpek pisliğini temizlemek ikinize de düşmez, ancak kadı efendiye (kamuya) düşer, demiş....

HOCA KABAKTAN BIKINCA

Nasreddin Hoca, bir ramazanda civar köylerden birine vaaza gitmiş. Daha ilk gün, vaaz sırasında kabaktan "cennet yemeğidir" diye bahsetmiş. Bunu duyan köylüler artık Hoca'ya her akşam kabak yemeği göndermeye başlamışlar... Bir gün, iki gün, üç, beş gün derken Hoca'ya kabak yemekten bıkkınlık gelmiş. Köylüye kabağın cennet yiyeceği olduğunu söylediğine pişman olmuş. O sırada canı da bir tavuk çekiyormuş ki.
Ertesi günkü vaazında, sözü döndürüp dolaştırıp yine yemek bahsine getirmiş. Kabağın cennet yiyeceği olduğunu tekrarlamış. Ancak arkasındanda:
— Sizin şu fukara hoca'ya, her gün cennet yiyeceği layık görmeniz, onu gurura sevk edebilir. Onun için arada bir tavukta yollarsanız daha uygun olur! deyivermiş.

DÖRT AYAKLI KAZ

Hoca, bir gün bir kaz pişirip kıral Timulenk'e götürmüş. Fakat yolda çok acıkınca, dayanamayıp kazın bir budunu koparıp afiyetle yemiş.
Timurlenk:
— Bunun bir bacağı nereye gitti diye sormuş?
Hoca:
— Bu civarın kazları bir ayaklıdır, inanmazsan çeşme başında dikilen şu kazlara bak, demiş.

Timürlenk bir askerine emir vermiş çeşme başında tek ayaklarıyla duran kazlara taş atmasını istemiş. Kazlar birden iki ayaklı olup kaçışmışlar. Timurlenk onları Hoca'ya göstermiş. Fakat Hoca laf altında kalır mı? Hemen cevap vermiş.
— O taşı sen yesen, sen de dört ayaklı olursun!

BENİ BAŞ AŞAĞI GÖMÜN

Nasreddin Hoca bir gün arkadaşlarıyla bir mecliste konuşurken:
— Vasiyetim olsun, öldüğüm zaman beni baş aşağı gömün!
Hocanın bu isteğini garipseyen arkadaşlarından biri:
— Neden bunu istiyorsun Hocam?
— Yarın kıyamet koptuğu zaman, dünya altüst olacak değil mi? Ben işte o zaman dosdoğru kalkarım.

KÜRSÜDEN İNMEKTE Mİ AKLINA GELMİYOR

Nasreddin Hoca, Her zaman olduğu gibi bir gün mahalle meclisinde halka nasihat etmek üzere kürsüye çıkmıştı. Bir müddet oturdu. Aklına hiçbir şey gelmedi. Halk dikkatle Hoca'yı dinlemeye hazırdı. Ancak o kürsüden söyleyecek bir söz bulamıyordu. Nihayet halka hitaben:
— Ey ahali, dedi. Siz benim söz söylemekten aciz ol-

madığımı bilirsiniz. Ama bugün nedense aklıma size söyleyecek bir şey gelmiyor.
Hoca'nın oğlu o sırada kürsünün dibinde oturmaktaydı. Bu sözü duyunca, hemen ayağa kalkarak:
— Hocam, hatırınıza hiçbir şey gelmiyorsa, kürsüden inmek de mi gelmiyor? der.

NEDEN ŞÜKREDERSİN

Nasreddin Hoca, her istediği zaman Kral Timur'un yanına çıkabiliyormuş. Bir gün kendisini ziyarete karar vermiş. Bir sepet dolusu bahçesinden topladığı ayvalardan alarak yola koyulmuş. Yolda bir arkadaşına rastlamış.
Timurlenk'e ayva götürmekte olduğunu öğrenen arkadaşı Hoca'ya:
— Bana kalırsa sen ayva değil de incir götür. Timur inciri çok severmiş.
Hoca bu tavsiyeye uyar, ayvaların yerine bir sepet dolusu incir götürür.
Timurlenk o gün biraz keyifsizdir.
Hoca'ya yüz vermez. Sepetten aldığı incirleri Hocanın kafasına bir bir atar.
Hoca suratına incirleri yedikçe yüksek sesle Allaha şükredermiş.
Timurlenk merakla:
— Suratına incirleri yerken, ne diye şükreder durursun?
Nasreddin Hoca gülerek cevap verir:

— Ben devletlime ayva getiriyordum. Yolda bir arkadaşımın tavsiyesiyle, ayva yerine şu incirleri getirdim. Ya onu dinlemeyerek devletlime ayvaları getirseydim, yüzüm gözüm ne hale gelirdi?
İşte bunu düşünerek Allah'ıma şükrediyorum.

EN GÜÇ VE EN KOLAY ŞEY

Köylüler, aralarında tartışırlardı. Anlaşma sağlayamayınca Hoca'ya başvururlar.
— Hocam, bir sorunumuz var çözemedik siz çözer misiniz?
— Dünyada en güç şeyle, en kolay şey nedir?
Hoca, biraz düşündükten sonra:
— En güç şey, insanın kendisini bilmesidir. En kolay şey ise, başkalarına akıl vermesidir.

İKİSİ DE HAKLI İSE

Nasreddin Hoca'ya sormuşlar:
— Hoca efendi! Kadı olsaydınız bir davayı nasıl çözerdiniz?
— Haklıyı haklı, haksızı haksız çıkarırdım demiş.
— Ya ikisi de haklı ise?
Hoca bir süre düşündükten sonra:
— Vallahi, bunca yıllık yaşam hayatımda, daha iki kişinin birden haklı olduğunu hiç görmedim...

KİM BÜYÜK

Hoca'ya bir gün sohbet esnasında sorarlar:
— Hocam, köylü mü büyüktür? Sultan mı?
Hoca uzun uzun düşünmüş ve cevap vermiş:
— Köylü büyüktür.
— Neden?
— Şayet köylü buğday ekip vermezse, sultan acından ölür.

NİÇİN KİTAP YAZMAMIŞ

Bazı dostları Hoca'ya takılırlar:
— Hoca, ilim sahibi, irfan sahibi olarak geçinirsin. Ama, tarafından yazılmış bir kitap eserin bile yok. Halbuki başka hocaların yazdıkları kitapları var, derler. Hoca bu lafın altında kalır mı?
— Onlarla beni niçin kıyaslıyorsunuz? Onların hafızaları zayıf olduğundan, Bildiklerini unutmamak için yazıyorlar... Benim ise öyle bir eksikliğim yok ki kitap yazayım...

YARASAYDI, SAHİBİNE YARARDI

At nalının insanlara uğur getirdiğine inanan biri, Hoca'ya sormuş:
— Hocam, at nalı insana uğur getirirmiş, evin kapısına assak günah olur mu?

Böyle hurafelerin dine aykırı olduğunu her zaman anlatan hoca, bu sefer farklı bir yöntemle cevap vermiş:
— Eğer uğur getiriyorsa, asabilirsin. Ama bence getirmez. Çünkü atlarda bir değil, dört nal olmasına rağmen şimdiye kadar bir faydası olduğunu görmedim aksine akşama kadar yediği kamçının, taşıdığı yükün ve koşturulduğu yolun hesabı yoktur.

ADAM OLMAK

Hocaya bir gün:
—Adam olmanın yolu nedir? diye sormuşlar.
Hoca şu cevabı vermiş:
—Bilenler söylerken, bilmeyenler can kulağıyla dinlemeli, bilmeyenler söylerken, susturmanın çaresine bakmalı!

HATİM

Nasreddin Hoca ve karısı konuşuyorlardı.
Karısı:
— Benim yüzüme bakarken besmele çekiyorsun.
— Ne olmuş yani?
— İmam efendi, karısının yüzüne bakarak yasin okuyormuş.
Hoca güldü:
— Ben o kadını görsem, hatim bile indiririm!

LÜTFUNDA HOŞ

Günün birinde uzun bir yolculuktan dönen Hoca, güneş altında koşmaktan yorulur ve dua etmeye başlar.
— Aman Allah'ım çok yoruldum, daha fazla yürüyemiyorum. Lütfen bana bir eşek gönder.
Kısa bir zaman sonra Hoca yanında eşek de taşıyan bir atlı genç görür. Buna çok sevinir.
Atlı yaklaşınca Hoca'yı görür ve ona şöyle der:
— Sen tembel adam! Niçin burada oturuyorsun? Bak benim eşek yolculuktan ve sıcaktan bitkinleşti. Buraya gel ve onu bir sonraki şehre kadar taşı!
Önce Hoca itiraz etmek ister, fakat genç adamın kendisini döveceğini hissedince korkar. Böylece Hoca eşeği bir sonraki şehre kadar taşımaya razı olur. Yorucu birkaç saatten sonra şehre varırlar. Genç adam Hoca'yı dışarıda bırakarak hana girer. Bunu gören Hoca yorgunluktan yere yığılır ve şöyle dua eder:
— Oh, aman Allah'ım, artık çok şey öğrendim. Bundan sonra dualarımda dikkatli olacağım.

ACABA NESİ KAYBOLDU

Hoca'ya karın aklını kaybetmiş, demişler. Hoca derin derin düşünür...
— Ne düşünüyorsun Hocam?
— Vallahi benim karının aslında aklı yoktu da acaba nesi kayboldu, onu düşünüyorum.

YILDIZLARI NE YAPARLAR

Hoca kırda dolaşırken bir deli çobana rastlar. Çoban:
— Sen Hoca mısın? diye sorar. Hoca:
— Evet, der.
— Sana bir şey sorsam bilir misin?
— Bilirim sor! der.
— Bilmezsen sormayayım. Zira kime sorduysam cevap veremedi.
— Sor dedik ya der.
— Her ay yeni ay çıkıyor, sonra incelip kayboluyor. Sonra yine yenisi çıkıyor. O eskilerini ne yapıyorlar?
— Bu kadarcık şeyi bilemedin mi? Bir kısmını kırpıp kırpıp yıldız yaparlar, gökyüzü onlarla dolu. Bir kısmını da uzatırlar şimşek yaparlar, yağmurlu ve fırtınalı günlerde kılıç gibi uzar.

İMTİHAN

Karısı ve dört çocuğuyla beraber tek göz evde yaşayan bir adamı ziyarete giden Hoca, halinden şikayet eden adama, kendisine yardım edeceğini ama öncelikle bir şartı yerine getirmesi gerektiğini söyler.
Adam hemen kabul eder ve sarılıp Hoca'nın ellerini öper. Hoca, adama eşeğini, keçisini ve tavuklarını da evin içine almasını ve haftaya kendine gelmesini söyleyince, adam önce buna şaşırsa da Hoca'nın bir bildiği vardır, deyip çaresiz kabul eder. Ertesi hafta gelen adam; "Bir haftada canıma tak etti Hocam, ne yapa-

cağız şimdi? der. Hoca, gayet sakin, eşeği evden çıkarmasını ve haftaya tekrar gelmesini söyleyip adamı gönderir, diğer hafta keçiyi sonrada tavukları evden çıkarttır.
Sonunda adam gelerek:
— Allah senden razı olsun Hocam, sanki dünyaya yeniden doğmuş gibi oldum, der.

DOLANA KADAR

Hocaya sormuşlar:
— Hocam bu insanların doğup ölümü ne zamana kadar böyle sürecek?
— Cennet ve cehennem dolana kadar.

NEFESİN GÜCÜ

Keçisi yaralanan adama komşuları yaraya katran sürmesinin iyi geleceğini söylerler.
Fakat katrana para vermek istemeyen uyanık adam bizim Hoca'nın yanına gelerek:
— Hocam sizin nefesiniz kuvvetlidir. Bir okusanız da şu keçimin yarası iyileşse, diye ısrar edince Hoca dayanamaz:
— Tamam senin istediğin gibi olsun, bir şeyler okuyalım ama çabuk iyileşmesini istiyorsan benim nefesime biraz katran karıştırman lazım!

BU CEZAYI KİM ÇEKER

Hoca, bir gün büyük bir aşiret reisinin evinde misafirken, reis Hoca'ya sorar:
— Hocam, ben can yakmayı seven bir insanım. Bazen haksız yere insanlara azap bile ederim. Acaba bu yaptıklarımın cezasını bu dünyada çekecek miyim?
Astığı astık, kestiği kestik olan bu adamın sorusu karşısında şaşıran Hoca, biraz düşündükten sonra:
— Merak etmeyin size bir şey olmaz.
Zalim aşiret resisi:
— Yaptığım bunca eziyet, cezasız mı kalacak yani?
— Hayır kalmaz efendim. Bunların cezasını çocuklarınız çeker.
Zalim reis, geniş bir soluk alarak:
— Yaşa Hocam! Sen gerçekten ilmi yüce bir insansın... Beni büyük bir endişeden kurtardın. Yaptıklarımın cezasını ben çekmeyeyim de kim çekerse çeksin, der.
Reis günlerden bir gün ava gittiğinde atından düşerek ayağını kırar acı içinde kalır. Hocanın söyledikleri aklına gelir. Hocayı çağırtır.
Öfkeli bir şekilde:
-Hocam, sen dünyada benim başıma bir felaket gelmiyeceğini söylemiştin, ama ayağım kırıldı. Buna ne dersin?
Hoca:
— Senin baban da, senin gibi haksız yere insanlara zarar verir miydi?
— Evet hem de benden de beterdi...

Hoca rahatlamış bir vaziyette:
Öyleyse, benim sözümde bir yanlışlık yok. Başına gelen felaket, senin yaptıkların değil, senin babanın yaptıklarının cezasıdır. Seninkileri, daha sonra çocukların çekecek.

FİNCANCININ KATIRLARI

Hoca bir gece mezarlıktan geçerken aniden ayağı kayar ve eski bir mezarın içine düşer. O anda aklına geceyi orada bir ölü gibi geçirerek yazıcı melekleri görme fikri gelir.
Hemen yatar ve beklemeye başlar.
Bir süre sonra mezarlığa yaklaşmakta olan fincancı kervanından yükselen katırların çan sesleri, katırcıların konuşmaları, homurtular derken iyice yaklaşan seslerden korkan Hoca, kıyamet vakti geldi sanarak dışarıda ne olduğunu görmek için mezardan dışarı çıkınca, bir anda yarı çıplak Hoca'yı gören katırlar ürker. Hortlak görmüş gibi her biri bir tarafa kaçışan katırlar bütün yükleri yerlere yuvarlar, fincanları zayi ederler. Bunun üzerine sinirlenen fincancılar koşup Hoca'yı yakalarlar:
— Be adam gecenin bir vakti ne yapıyorsun burada? derler. Hoca korkudan kekeleyerek
— Be be ben öbür dünyadan geldim. Bir bakayım burada işler nasıl gidiyor.
Deyince adamlar Hoca'yı bir güzel pataklarlar. Bin perişan eve dönen Hoca'yı telaşlı karısı karşılar:

— Ee anlat bakalım ne bu halin? Öbür dünya nasıl? Ne var?
Hoca biraz vakurlu, biraz üzgün:
— Hiç bir şey. Ta ki fincancı katırlarını ürkütene kadar.

BENDEN YANA MISIN?
AYIDAN YANA MI?

Nasreddin Hoca bir gün yolda yürürken yanına bir adam yaklaşıyor ve şöyle diyor;
— Hocam, şimdi bir ayı gelse ne yaparsın?
Nasreddin Hoca hemen yerden iki taş alıyor ve bunlarla kendimi savunurum, diyor.
Adam tekrar soruyor;
— Diyelim ki taş yok o zaman ne yapacaksın?
Hoca bu sefer;
— Kaçarım, diyor.
Adam da;
— Ayı senden hızlı koşar ve seni yakalar, o zaman ne yapacaksın?
Hoca;
— Ağaca çıkarım, diyor.
Adam tekrar;
— Ayı da ağaca çıkar, o zaman ne yapacaksın?
Hoca artık dayanamaz ve şöyle der;
— Bre hain, bre hain sen benden yana mısın yoksa ayıdan yana mısın?

YA KOKUSU

Birisi Hoca'nın yanında otururken kazara seslice yellenmiş.
Sonra kabahatini belli etmemek için ayağı ile tahtayı gıcırdatmış.
Hoca demiş ki:
— Haydi sesini onun sesine benzettin diyelim. Ya kokusunu ne yapacaksın?

YABANCISIYIM

Bir gün bizim Hoca şehrinden pek fazla uzak olmayan bir köyü ziyaret etmiş. Gezerken bir köylü ona:
— Bugün günlerden hangi gündür demiş.
Bizim Hoca:
— Bilmem ki! Ben buranın yabancısıyım.

DAVETİYE

Nasreddin Hoca'nın komşusu evlenirken Hoca'dan davetiye dağıtmasını istemiş. Hoca şehirde kendini beğenmiş olarak ün kazanan bir zenginin davetiyesini vermeye gitmiş. Hoca'yı gören zengin sinirinden:
— Davetiyeleri dağıtmaya iyi bir insan bulamamışlar mı? demiş. Nasreddin Hoca:
— İyi insanlar da vardı, ama onlar iyi insanların davetiyelerini vermeye gitti, diye cevap vermiş.

EKMEK VE BİLGİNLER

Filozoflar, tefsirciler ve hukuk bilginleri, Nasreddin Hoca hakkında karar vermek için saraya çağrıldılar. Hocanın Davası çok ciddi idi, zira Hoca imparatorluğun adı geçen âlimlerinin, bilgisiz, boşboğaz, şaşkın olduklarını köy köy dolaşarak ilân etmişti. Devletin güvenliğini tehlikeye sokmaktan dava edilmişti.
— İlk olarak sen konuş dedi Padişah.
Hoca:
— Kâğıt kalem getirtiniz dedi.
Her ikisi de getirildi.
— Onları ilk yedi âlim arasında paylaştırınız!
Olay şöyle devam etti.
— Herkes şu soruyu kendi kendine cevaplandırsın: Ekmek nedir?"
Bir müddet böyle geçti.
Cevaplar padişahın eline verildi ve padişah onları okudu.
İlk cevap şöyleydi:
— Ekmek bir yiyecek maddesidir.
İkinci:
— Ekmek un ve sudur.
Üçüncü:
— Ekmek Allah vergisidir.
Dördüncü:
— Ekmek pişirilmiş hamurdur.
Beşinci:
— Ekmek kavramı çok anlamlıdır.
Altıncı:

— Ekmek besleyici bir maddedir.
Yedinci:
— Hiç kimse bunu çözemez, demiş.
Hoca
— Şayet ekmeğin ne olduğuna karar verebilseydiniz başka şeylere de karar verebilirdiniz. Bu kafalara nasıl güvenebilir? Kendileri için her gün aldıkları bir şey üzerinde aynı fikirde olmadıkları halde, diğer taraftan benim suçlu olduğuma karar vermeleri çok acayip değil mi? der ve kurtulur.

PATLICAN NEDİR?

Hoca'nın beş altı yaşlarında bir oğlu vardı, bir gün bir patlıcan göstererek:
— Bu nedir? Diye çocuğa sormuşlar, çocuk da:
— Gözü açılmadık sığırcık yavrusu!
Diye karşılık verince, bu sırada orada bulunan Hoca göğsünü kabartarak:
— Vallahi dostlar, bunu ben kendisine söylemedim. Çocuk akıllıdır kendi kafasıyla buldu demiş.

TOKAT

Günlerden bir gün Nasreddin Hoca büyük bir şehre gelmiş. Caddede birçok insan varmış. Dikkatsizliği yüzünden kalabalık içerisinde bir adama çarpmış. Nasreddin Hoca daha özür dilemeye fırsat bulamadan

adam Hoca'ya esaslı bir tokat atmış. Hoca buna çok kızmış ve onu Kadı'ya getirmiş.
Kadı her ikisini de dinledikten sonra kanun hükümlerine bakmış ve hemen şöyle karar vermiş:
— Tokat için Hoca'ya 10 para ödemek zorundasın.
Bu hafif ceza kararı ile Nasreddin Hoca, davalının Kadı'nın arkadaşı olduğunu anlamış. Davalı ise yanında parası olmadığını iddia ederek para alıp gelmek için eve gitmiş. Gerçekten Hoca 10 parayı alabilmek için davalı geri gelene kadar beklemek zorunda kalmış. Kadı sessizce kanunları okumaya devam etmiş. Nasreddin Hoca da bekledikçe beklemiş. Adamın gitmesinden iki saat geçmiş olmasına rağmen para gelmemiş. Hoca hemen ayağa kalkmış. Kadı'ya kuvvetlice bir tokat indirmiş ve şöyle söylemiş:
— Öyle ya! Şimdi 10 parayı siz alırsınız, bu adam parayı bana getirene kadar bekleyemem. Çünkü acele bir işim var.

HOROZ

Hoca köyünde en yakın kasabaya tavuklarını götürmek için kafese koyar. Yola koyulduktan sonra kendi kendine:
— Bu cehennem sıcağına zavallı tavuklar dayanamazlar. Onları kafesten çıkarıp salıvereyim! diye düşünür. Fakat tavukları salar salmaz hepsi dört bir tarafa dağılıvermişler. Hoca küplere biner ve horozu yakalar:
— Sen ne biçim kılavuzsun? Güneş doğmadan önce

karanlıkta ötmesini biliyorsun da güpegündüz o şehrin yolunu nasıl bilmezsin?

TIP BİLGİSİ

Hoca'ya
— Tıp bilir misin? demişler.
— Bilirim hem de şöyle ifade ederim, demiş.
— Ayağını sıcak tut, başını serin, Kendine bir iş bul, düşünme derin.

HAKLI HAKLIDIR

Hoca, kısa bir süre önce hakimliğe atanmıştı.
Ona ilk dava sunulmuştu ve davacı öyle inandırıcı deliller göstermişti ki, Nasreddin Hoca:
— Haklısın, demiş.
Mahkeme kâtibi onu, davalıyı dinlemeden önce karar vermemesi için uyarmıştı.
Davalının güzel konuşması onu öyle etkilemişti ki, adam konuşmasını bitirir bitirmez:
— Haklısın, demiş.
Mahkeme kâtibi bu yargılama şekline asla razı olmamış ve:
— Beyefendi, her ikisi de haklı olamaz ki!
Hoca:
— Sen de haklısın, demiş

DAVETSİZ MİSAFİR

Hoca, günlerden bir gün evine dönerken büyük bir konağa bir sürü insanın girip çıktığını görmüş. Konaktan çıkanlardan birine yaklaşıp içerde neler olduğunu sorunca, adam: "düğün var" demiş.
Düğün lafını duyan Hoca'nın gözünde kızarmış tavuklar, hindiler, tepsi tepsi pilavlar canlanmaya başlamış. Hemen oradan boş bir kâğıt bulup bir zarfa koymuş, sonra da doğru konağa gitmiş. Uşaklardan birine: "Efendini göreceğim, çok saygıdeğer birinden mektup getiriyorum" demiş.
Uşak hemen Hoca'nın önüne düşmüş, onu efendisinin huzuruna çıkarmış. Hoca "Şenliğiniz mübarek olsun. Zamansız geldiğim için bağışlayın" deyip, mektubu vermiş. Ve hemen ilk davette sofraya çökmüş, derhal iştah ile atıştırmaya başlamış. Düğün sahibi Hoca'nın getirdiği zarfı bir zaman elinde evirip çevirdikten sonra, "Efendi, bir yanlışlık olmasın. Bu zarfın üzeri yazılı değil" diye sormuş. Hoca da başını sofradan dahi kaldırmadan cevap vermiş:
— Kusura bakmayın efendi hazretleri, biraz aceleye geldi. Esasında onun içi de yazılı değildir!

ÜZERİNE

Hoca, arkadaşlarıyla şirin bir köye gezmeğe gitmiş. Akşama kadar yiyip içerek eğlenmişler. Burasını pek beğenen arkadaşları, her biri bir yemeği üzerine al-

mak şartıyla birkaç gün daha kalmağa karar vermişler. Kafileden birisi:
— Böreği benim üzerime! demiş. Ötekisi:
— Eti benim üzerime!
— Meyvesi benim üzerime! demiş.
Herkes üzerine bir yemek alırken Nasreddin Hoca:
— Arkadaşlar, bu ziyafetler aylarca bile sürse buradan ve aranızdan ayrılırsam Allah'ın lâneti de benim üzerime!"

BAYRAM GÜNÜ

Hoca bir gün yabancı bir memlekete gitmiş. Bakmış ki, bu şehrin bütün halkı yiyip içmekte, eğlenmekte. Hocayı da davet ederek bir şeyler ikram etmişler. Hoca doyduktan sonra şöyle söylemiş:
— Tuhaf şey! Bu ne ucuz şehir böyle? demiş. Bu sözü duyan adamın birisi:
— Efendi, sen deli misin? Bugün bayramdır. Herkes evinden pişmiş bir şeyler getirir, biz de burada yer, içer, eğleniriz, demiş. Hoca bunun üzerine:
— Keşke her gün bayram olsaydı, herkes mutlu olurdu demiş.

HOCANIN ŞANSI

Günün birinde Hoca ve komşuları yiyecekler üzerine konuşmaya dalmışlardı. Hoca bu konuşmayı sevmiş ve konuştukça da konuşmaya devam etmişti. Bazen konuşur, bazen de dinlerdi.

Oradakilerden biri Hoca'ya:

— Hocam şu anda neye sahip olmak istersin? diye sordu.

Bunun üzerine Hoca düşünmeden:

— Helvam olsun isterim. Uzun zamandan beri helva yemeye fırsatım olmadı diye cevap verdi.

Bunun üzerine komşusu:

— Hocam bu niye böyle? diye sordu.

Hoca da:

— Evet, unumuz olduğunda şekerimiz yoktur. Şu anda biraz şekerimiz var, fakat yağımız yok. Yağı bulduğumuzda da, un bulamayız. Bu yüzden helva yemedim, diye devam etti.

— Çok doğru Hocam! Hepsinin tam olarak bulunduğu bir anınız olmadı mı? diye arkadaşları sordu.

Bunun üzerine Hoca:

— Ha, o zaman da ben evde değildim, diye cevap verdi.

HEPSİNİN TADI AYNI

Hoca, eşeğine iki küfe üzüm yüklemiş, evine götürüyormuş. Şehre girince çocuklar başına üşüşüp:

— Hoca Hoca" demişler, bize birer salkım üzüm ver.

Hoca, çocukların çokluğunu görünce her birine üçer beşer üzüm vermiş.

— Hoca demişler, bu kadar az verilir mi?

Hoca demiş ki:
— Çocuklar, küfelerdeki bütün üzümlerin tadı da bir tanesinin tadı da aynı. Az yemekle çok yemek arasında bir fark yok ki.

SUYUNUN SUYU

Günün birinde komşu köyden Ahmet adında biri elinde hediye bir tavukla çıkagelir ve o akşam Hocanın evinde misafir olur. Bir hafta sonra Ahmet'in arkadaşı olduğunu söyleyen bir başka kişi yine gelir ve Hoca onu da evinde bir gece en güzel şekilde ağırlar. Bir zaman sonra Ahmet'in arkadaşının arkadaşı olduğunu söyleyen biri daha gelir, Hoca onu da sofraya oturtur ve önüne bir kase sıcak su koyar.
Bu işe şaşan adama Hoca tebessümle:
— Bu Ahmet'in tavuğunun suyunun suyu der.

İLERİ DÖNÜK

Komşu kasabaya hamama giden Hoca'yı tanımayan hamamcı Hoca'nın sade kıyafetine bakıp pek itibar etmez. Eski bir havluyla pörsümüş bir sabun verir fakat Hoca çıkışta giyimine göre hiç beklenmeyecek şekilde hamamcıya ve çalışanlarının her birinin eline birer altın sayınca hepsi şaşırır.
Ertesi hafta yine gelen Hoca'ya pek itibar ederler, en güzel havlulardan ve parfümlü sabunlardan verirler.

Bir güzel yıkarlar, keselerler, masaj yaparlar fakat Hoca çıkışta geçen hafta aldıkları gibi altın geleceği için avucu kaşınarak bekleyen sadece hamamcıya değeri düşük bir bakır para vererek:
— Geçen hafta verdiğim altınlar bu haftaki ücrettir, bu bakır para ise geçen haftanın, der.

UYKUSU KAÇMIŞ DA!

Bir yaz gecesi Hoca'nın uykusu kaçmış. Uykusuzluktan ve can sıkıntısından evde duramayınca kendini sokağa atmış. Yolda, nöbetçi subaşıya rastlamış. Subaşı:
— Hoca, böyle gece yarısı burada ne arıyorsun? diye sorunca Hoca, esneyerek cevap vermiş:
— Hiç, uykum kaçtı da onu arıyorum.

KAVUK ÇOCUKLUĞUNU ÖZLEMİŞ

Günün birinde Hoca evine gidiyormuş. Yolda birkaç çocuğa rastlamış. Dinlenmek ve çocukları seyretmek için bir taşın üzerine oturmuş. Aniden bir çocuk Hoca'nın kavuğunu kapmış ve onu diğer çocuklara atmış. Hoca, kavuğunu geri almak için, öfkeyle fırlayıp çocukların arkasından koşmuş. Hoca, çocukların arkasından koşamayacak kadar yorulmuş ve kavuksuz olarak eve dönmüş. Karısı onu görünce çok şaşırmış ve sormuş:

— Bey, kavuğun nerede?
— Ah! Kavuk çocukluğunu özlemiş, şimdi komşu çocukları ile yolda oynuyor.

ESKİ ZAMANDAN

Hoca yer altında bir ahır yapmak hevesine kapılmış. Toprağı kaza kaza her şeyden habersiz bir halde komşunun ahırına geçmiş. Bir sürü öküz görünce koşa koşa karısının yanına gitmiş.
— Hanım, hanım! diye bağırmış. Müjdemi isterim! Eski zamandan kalma bir ahır ve birçok öküz buldum.

VADE

Birisi Hoca'dan, vade ile para istemektedir.
Hoca duraklar:
— Benden sana bol bol vade, parayı da başkasından iste!.

TARİFİ BENDE

Günün birinde Hoca et yemeği yemek ister. Kasaptan bir kilo et satın alır. Tarifi kağıda yazıp cebine koyar. Evine giderken, bir karga Hoca'ya doğru uçar, eti kapar ve kaçar.

Hoca çaresizdir. Ama hemen elindeki tarifi hatırlar ve tarifi cebinden çıkartarak kuşa doğru şöyle bağırır:
— Hey, aptal karga tarifi unuttun!

YENİ UŞAK

Nasreddin Hoca'nın yeni bir uşağa ihtiyacı varmış. Komşusu Ahmet ona:
— Ben sana Hasan'ı tavsiye ederim. O çok çalışkan bir işçidir, demiş. Nasreddin Hoca:
— İyi, onu bana gönder! Demiş. Birkaç hafta sonra Ahmet, Hoca'ya sormuş:
— Hasan'dan memnun musun?
— Evet, o çok iyi çalışıyor, fakat bana biraz pahalıya mal oluyor. Benden her gün para istiyor.
— Bu kadar parayla ne yapıyor ki? Diye sormuş komşusu. Hoca:
— Bunu bilmiyorum, şimdiye kadar hiç vermedim ki!

BEŞ AKÇE BORÇ

Hoca'nın bakkala elliüç akçe borcu varmış. Hoca bir gün, birkaç eşi-dostuyla çarşıdan geçerken bakkal onu görüp dükkândan fırlamış. Hoca'nın karşısına geçip eliyle para işareti yapmaya başlamış, "borcunu vermezsen seni tanıdıklarının yanında rezil ederim" demek istemiş. Hoca, görmezlikten gelerek başını başka tarafa döndürmüş. Bakkal o tarafa geçmiş, yine aynı işareti yapmış. Bakkalın, bu hareketi devamlı yapması, Hoca'yı fena halde sinirlendirmiş, dostları da işi anlamışlar. Artık sabrı tükenen Hoca, "gel buraya" diye hiddetle bakkalı çağırmış; "bana bak" demiş, "benim sana ne kadar borcum var?" Bakkal, "elliüç akçe" demiş. Hoca, "peki" demiş, "yarın gel yirmisekiz akçesini al, öbür gün gel, yirmisini daha vereyim; etti mi kırksekiz, geriye ne kalır? Topu topu beş akçe. Be hey zalim adam, beş akçeceğiz için beni çarşıda, ele güne karşı rezil etmekten utanmaz mısın?"

TAŞIMA PARASI

Hoca, yükte ağır pahada az birtakım eşyasını bir hamalın sırtına vurup giderken kalabalık bir yerde adamı gözden kaçırır. Sağa sola bakınır, arar, sorar; ortalıkta yok! On gün sonra, hamala rastlar. Hoca, var gücüyle kaçmaya başlar. Bunu görenler daha sonra Hoca'ya kaçışının sebebini sordukları zaman şu cevabı alırlar:
— Adamın sırtına on gün önce benim yükü taşıyorken kaybettim. Ya benden on günlük taşıma parası isteseydi halim nice olurdu?

PARA SEVGİSİ

Cimrinin biri, Hoca'ya, "demek Hocam" der, "parayı sende seviyorsun, fakat neden?"

Hoca hemen cevap verir:
— Adamı, senin gibilere muhtaç etmez de ondan.

KUYRUKLU YALAN

Bir gün, Nasrettin Hoca, camide bir vaaz veriyordu. Cemaatten bir kişinin esnediğini ve bir kısmının uyukladığını fark etti. Bunun üzerine şöyle konuşmaya başladı:
— Bir sabah, Akşehir'den dışarı çıkmıştım. Çayın kenarında dört ayaklı ördekler su içiyorlardı.
Dört ayaklı ördek sözünü işiten cemaat, gözlerini açarak Nasrettin Hoca'yı dikkatle dinlemeye başladı.
Bunun üzerine Nasrettin Hoca:
Yahu! Siz nasıl adamlarsınız. Deminden beri size vaaz ediyorum, uyukluyorsunuz da, kuyruklu bir yalan uydurunca hepinizin gözleri açıldı

YA DEVE ÖLÜR YA BEN YA DA TİMUR

Bir gün Timur, Hoca'yla hoş beş ederken, "Buradan attım kılıcı, varıp Halep'de oynadı bir ucu!" kabilinden, sözü uzattıkça uzatarak, büyüttükçe büyüterek, pireyi deve yapar. Hoca canından bezer. O da tutar, Allah'ın devesini, dev yapılı bir mahluk haline kor:
—Doğrusu elimden nice develer gelip geçti ama, böylesini görmedim. Uç desem, kanatlanıyor, yürü de-

sem, ayaklanıyor. Ne çare ki, benim çömez misali okuması var, yazması yok! kabilinden satar, savurur. Timur buna, parmağını ısırır:
— Aman şu mahluku bir göreyim! der.
Hoca hiç istifini bozmadan:
— Devletlim, der, bugünlerde, namaz başlarını öğretiyorum. Allah izin verirse, seneye yine geldiğimde, önünüze diz çöksün! der.
Timur seneyi iple çeker. O gün gelince, Hoca:
— Sormayın efendim, Kuranı okumaya başlayınca, öyle bir aşka geldi ki, şimdi de, "Hafız olacağım!" diye tutturdu. Allah ecelden aman verirse, bir daha ki seneye getireyim de hıfzını dinleteyim! deyip Timur'un otağından ayrılır. Timur, gene seneyi iple çekmeye başlar, Hoca'nın eşi dostu;
— Bre Hoca, sen kanınla mı oynuyorsun? Timur böyle masalları yutar mı? diye uyardıkça Hoca;
— Yahu, ne telaş ediyorsunuz, seneye kadar çok zaman var. O zamana kadar ya deve ölür, ya ben ya da Timur!

DERDE DEVA

Nasreddin Hoca pazara giderken mahalleden şakacı biri yanına gelip:
— Efendim akşam uyurken fare ağzıma kaçtı. Bunun çaresi nedir?
— Çaresi kolay demiş Nasreddin Hoca, acıkmış bir kediyi ağzınıza sokup yutun!

YEMESİ KOLAY OLSUN

Timur'un defterdarı hesapta bir yanlışlık yapar. Bunun üzerine Timur o defterdara kağıtları yedirir ve işten kovar. Yerine Nasrettin Hoca'yı alır.
Hoca hesapları yufka üzerinde yapmaya başlar. Timur bunu görür ve sebebini sorar.
Hoca aynen şu cevabı verir:
— Yemesi kolay olsun diye.

ŞAİR HOCA

Bir gece Hoca, birdenbire uyanır, mışıl mışıl uyuyan karısını dürter:
— Kalk, çabuk şu mumu yak, aklıma bir şiir geldi, hemen yazıvereyim!
Deyince, karısı kalkıp mumu yakar, diviti ve kağıdı Hoca'nın önüne koyar. Hoca, çabuk çabuk bir şeyler yazdıktan sonra yatmak üzereyken karısı merakla sorar:
— Efendi, şu yazdığını oku bakalım bana!
Hoca nazlanmadan yazdığı şiiri okur:
— Yeşil yaprak arasında kara tavuk kızıl burnu.

NASREDDİN HOCA VE KARISI

Nasredin hocanın karısı hocaya sinirlendiği bir gün çorbayı hocanın önüne çok sıcak bir şekilde kor. Ho-

ca farkına varmadan bir kaşık daldırır. O kadar sıcaktır ki gözleri yaşarır karısı:
— Ne oldu hocam neden ağlıyorsun der?
Hocada sinirli sinirli;
— Yok bir şey aklıma anan geldi de der.
— Ne olmuş anama;
— Rahmetli öldü ya ona üzülüyorum. O rahmetli oldu da senin gibi mendebur bir karıyı bana bıraktığına ağlıyorum.

TAZI

Ava meraklı çok cimri bir subaşı Nasreddin Hoca'ya:
— Hoca Efendi, bana tavşan kulaklı, geyik bacaklı karınca belli, şöyle sicim gibi zayıf bir tazı (av köpeği) buluver, der.
Bir süre sonra Hoca, bir sokak köpeğinin boynuna ip takıp subaşıya götürür. Subaşı:
— Aman Hoca Efendi, ben senden incecik bir tazı istemiştim. Sen ise bana koca bir sokak köpeği getirmişsin deyince, Hoca lafı gediğine koyar:
— Merak etmeyin efendim. Sizin yanınızda bu köpek bir aya varmaz, tazıya döner.

CENNET CEHENNEM

Nasreddin Hoca, bir gün camide vaaz verirken cemaate sorar:

— Cennete gitmek isteyenler ayağa kalksın.
Herkes ayağa kalkar, yalnız bir adam kalkmaz.
Hoca bu kez sorusunu değiştirir
— Cehenneme gitmek isteyemeyenler ayağa kalksın.
O adam hariç yine herkes ayağa kalkar.
Hoca her iki soruda da ayağa kalkmayan adama sorar:
— Sen cennete mi yoksa cehenneme mi gitmek istiyorsun?
Adam boynunu bükerek:
— Hiç birine Hocam, ben şimdilik dünyada yaşamak istiyorum. . . .

ESKİ MEZARA GÖMÜN

Nasreddin Hoca:
— Ölünce beni eski bir mezara gömün, diye vasiyet etmişti. Bu vasiyete herkes şaşırır ve sorarlar:
— Hoca bu nasıl vasiyet böyle? Memlekette mezar mı kalmadı? Neden eski mezarlığı istersin? Hoca:
— Sorgu melekleri geldiğinde, onlara "ben çoktan öldüm, sorgudan sualden geçtim. Benim çoktan öldüğümü mezarımın eski oluşundan anlamıyor musunuz?" diyeceğim de ondan!

EŞEK

Nasrettin Hoca eşeğine binmiş. Fakat oda ne? Eşek birden hareket etmiş.

Hoca çüş demiş, dur demiş ama nafile eşek aldırmamış. Hocanın rüzgar gibi geçtiğini gören komşusu:
— Hocam bu ne telaş, nereye böyle? Diye seslenmiş.
Hoca'da:
— Efendim bizim eşeğin çok acele bir işi çıktı oraya yetişmeye çalışıyoruz diye bağırmış...

GÖZLÜĞÜMÜ VER HANIM

Bir gece yarısı Hoca telaşla karısını uyandırır.
— Aman hatun, şu gözlüğümü ver, gözüme takıp öyle yatayım, der.
Karısı Hoca'ya gözlüğünü verir. Bu kadar telaşının ve gözlükle yatmasının sebebini sorar. Hoca şu açıklamayı yapar:
— Bir güzel rüya görüyorum, bazı yerlerini seçemiyorum. Onun için gözlüğümü taktım.

SANA GÖRE HAVA HOŞ

Nasreddin Hoca, evde karısıyla uyumaktadır. Gecenin ilerlemiş bir saatinde bir tıkırtı ile uyanırlar. Kulak verince kapısının arkasında, iki kişinin fısıldaşmakta olduğunu duyarlar. Bunlar, eve sessizce girmiş iki hırsızdır.
Aralarında şöyle konuşurlar:
— Hoca uyuyor, hiç gürültü etmeden içeri girip Hocayı boğup öldürelim. Karısını yanımıza alır. Ahırdaki

oğlağı da keseriz. Evde ne bulursak çuvala doldurur, dağa çıkarız.
Halbuki Nasreddin Hoca, uyanıktır, konuşmaları duyar, Hemen hızlı hızlı öksürür. Hırsızlar Hocanın uyanık olduğunu anlar anlamaz, hemen pencereden kaçarlar.
Karısı, Hocanın hırsızları tutmak için peşlerinden koşmadığını görünce:
— Amma da korkakmışsın be Hoca! der. Neden peşlerinden koşmuyorsun?
Hoca:
— Öyle ya, sana göre hava hoş. Fakat sen gel, başımıza gelecekleri bir sana birde oğlağa sor...

O DUA SİZDE
BU AKIL BİZDE OLURSA

Hoca bir gece, damda bir hırsızın gezindiğini hisseder. Sesini yükselterek karısına şöyle der:
— Hatun! Geçen gece geldim. Kapıyı çaldım, duymadın bende şu duayı okudum: Ayın ışığına yapışıp eve girdim...
Bacadan konuşmaları duyan hırsız, Hocanın okuduğu duayı hemen ezberler. Sonra duayı okur, iki eliyle ayın ışığına sarılıp yavaşça ineceği zannıyla kendini damdan aşağıya bırakır. Büyük bir gürültüyle yere çakılır.
Hoca hemen koşup hırsızın yakasına yapışır.
— Hanım çabuk mumu getir, hırsızı yakaladım! Diye seslenerek hanımını yardıma çağırır.

Acıdan inlemekte olan hırsız ise şöyle sızlanır:
— Hocam acele etme. O dua sizde, bu akıl bizde iken öyle kolay elinizden kurtulamayız.

İÇ İŞLERİ DIŞ İŞLERİ FARLI

Hoca'nın evinde, bir gün kaza ile yangın çıkar. Komşuları koşup Hocayı bulurlar.
— Efendi, evin yanıyor, derler.
Hoca umursamaz bir tavır takınarak:
— Vallahi komşular der. O benim sorumluluğumda değil. Biz hatunla işleri aramızda taksim ettik. Ben evin dışında olup bitenlerle meşgul olurum. Hatun da evin içişlerine bakar. Varın, siz yangın haberini, bizim hatuna yetiştirin.

TEKE BURCU

Bir gün Hoca'ya senin burcun nedir? derler.
— Tekedir, der.
— Hoca, burçlar ilminde, hiç teke diye bir burç yoktur. Hoca:
— Ben çocuktum, annem burcuma baktırdı. O zaman oğlak dediler.
— O zaman burcunu teke değil oğlak desene.
Hoca bu itiraza şöyle cevap verir:
— Behey kafasızlar! Annem benim burcuma baktıralı kırk yıl oldu. O zamandan beri, Oğlak teke olmadı mı?

HOCANIN ÇALINAN PARASI

Bir gün Hocanın yüz akçesi çalınmıştı.
Hoca, camide paralarına tekrar kavuşmak için sabahlara kadar Allaha yalvarıyordu. O sırada şehrin büyük tüccarlarından birinin bindiği gemi fırtınaya yakalanmıştı. Tüccar zat eğer gemi batmadan eve ulaşırsa, Hoca'ya yüz akçe vermeyi adamıştı.
İki hafta sonra selametle memleketine gelince, adağını getirip Hoca'ya verdi. Sonra başından geçenleri anlatarak.
— Manevi himmetinizle batmaktan kurtulduk, der.
Nasreddin Hoca duasının kabul olduğunu anlamıştı.
— Hey kudretine kurban olduğum Allah, der: Sana nasıl şükredeyim! Şu bizim parayı nereden batırdın, nereden çıkardın.

YA AİLENİ BIRAK YADA YAKAMI?

Nasreddin Hocanın çok kararsız bir arkadaşı varmış. Bir gün uzakça bir yolculuğa çıkmaya niyetlenmiş. Ama karısı ile çocuklarını da beraberinde götürüp götürmemek konusunda bir türlü karara varamıyormuş. Sonunda Hocaya danışmaya karar vermiş:
— Hocam ben bir yolculuğa çıkacam, bu yolculuğum uzun süreceği için karımla çocuğumu yanımda götürüp götürmeme konusunda bir türlü karar veremedim. Onları bırakıp nasıl gideyim?

— Beraberine al öyleyse...
— Fakat yolculuk zahmetli, çocuklarda küçük...
— Bırak evde kalsınlar öyleyse...
— Bırakıp gideceğim ama, aklım burada kalacak...
— O zaman onları yanında götür.
— Gideceğim yerde bunlarla mı meşgul olacağım? İşimle mi? Çok sıkıntılı olur benim için...
— Anlaşıldı bırak burada kalsınlar...
— Bırak demek kolay. Burada hiçbir akrabam yok, üstelik çocuklarda bana çok düşkündür, bensiz yapamazlar.
Hoca bakmış ki kararsız arkadaşına bir karar verdirmek mümkün olmayacak. Son sözünü söylemiş:
— Arkadaş! Durumunu anlıyorum. Bir türlü karar veremiyorsun. Benimde işim gücüm var. Ya aileni bırak yada yakamı?

CEVİZ SESİNE GELİR

Nasreddin Hoca'nın hanımı hamiledir. Doğum vakti gelir.
Fakat bütün komşular ve ebe uğraşmalarına rağmen bir türlü doğum gerçekleşmez.
Bu sırada kadınlardan biri Hoca'nın yanına gelir.
- Hoca efendi, karın bir türlü doğumu yapamıyor, bildiğin bir dua varsa oku da çocuk gelsin der.
Hoca:
- Bunun için bildiğim bir dua yok ama, bildiğim bir usul var, der.

Hemen evden çıkar. Bakkaldan bir avuç ceviz alıp gelir, bu cevizleri karısının odasına atar.
Kadınlar ne yaparsın Hoca deyince:
-Çocuk değil mi bu? Ceviz sesini duyar duymaz oynamak için çıkar.

DEVEYE KANAT VERSEYDİ

Nasreddin Hoca bir gün camideki halka şöyle seslenir:
— Allaha bin kere şükredin ki, develere kanat vermemiş.
İçlerinden biri Hoca'ya, bu şükrün sebebini sormuş Hoca'da:
— Deveye kanat verseydi, damlarımıza konduğunda başımıza yıkılırdı.

GÜVERCİN ERKEK Mİ DİŞİ Mİ?

Nasreddin Hoca, vaizliği sırasında bir gün Nuh peygamber kıssasını anlatıyormuş. Cemaat de kendisini can kulağıyla dinliyormuş. Nihayet kıssanın son kısmına gelinmiş. Nuh peygamberin, tufandan sonra sular çekilirken bir güvercini salıverdiğini ve güvercinin ağzında bir otla döndüğünü, böylece artık karanın yakın bulunduğunun anlaşıldığını nakletmiş.
Cemaat arasında bulunan geveze bir adam beklenmedik bir soru sormuş:

- Hoca efendi, Nuh peygamberin salıverdiği bu güvercin, erkek miydi, dişi miydi?
Nasreddin Hoca:
- Erkek idi demiş...
- Nereden bildin hocam? Kitapta mı yazıyor?
- Hayır! Ama insanda akıl var. Güvercin dişi olsaydı çenesini o kadar müddet kapalı tutabilirmiydi? Taşıdığı otu, gemiye getirmeden yolda çoktan düşürürdü.

GETİR CÜBBEMİ AL SEMERİNİ

Bir gün Hoca, eşeğine binip şehir dışındaki bahçesine gider. Yolda sırtından cübbesini çıkarıp, eşeğin üzerine kor. Kendisi bir iki adım ileride çeşmeden abdest alır. Başıboş hayvanın üzerindeki cübbeyi gören bir hırsız, cübbeyi sessizce alır ve kaçar. Hoca abdestini tamamlayınca, bakar ki cübbe yok, çalınmış. Hemen eşeğin semerini aşağı indirir. Hayvanın sırtına da kuvvetli bir şekilde vurup şöyle der:
- Nasıl çaldırdınsa öylece bul. Getir cübbemi, al semerini

ÖKÜZ AĞA

Hoca, yıllarca ayrı kaldığı köyüne döner. Yolda hoşlanmadığı gençlik arkadaşına rastlar, arkadaşı selam verir:

- Merhaba Hocam, köye hoş geldin?
- Merhaba öküz ağa, hoş bulduk!
- Aman Hocam bu nasıl söz. İnsan arkadaşına böyle der mi?
- Ayol ben buralardan ayrıldığımda sen 15 yaşındaydın, lakabında Tosun değil miydi?
- Evet
- Ben ayrılalı 12 yıl olduğuna göre, insaf et artık, bu 12 yılda tosunluktan çıkıp öküz olmadın mı halen?

HOROZ

Konyalı eşraf, bir gün Hoca'yı hamama götürürler ve göbek taşı üzerine otururken daha önce kararlaştırdıkları planı uygulamaya başlarlar.
Derler ki:
Bu hamamın suyunda yıkanan insan yumurtlamaya başlar. Herkes yumurtlayıp yumurtlamadığına baksın. Kim yumurtlamazsa hamam parasını o versin! derler. Hep birlikte gıdaklamaya başlarlar. Bir taraftan da yanlarında getirdikleri yumurtaları el çabukluğu ile altlarına koyarlar.
Hoca eşrafın, hilesini anlar, ama hiç telaş etmez. Hemen göbek taşının üzerine çıkarak horoz gibi ötmeye başlar.
Eşraf:
– Hoca ne yapıyorsun? diye sorarlar.
Hocanın cevabı hazırdır:
– Bu kadar tavuğa, bir horoz lazım değil mi?

HİÇ BİR ŞEY

Nasrettin Hoca kadılık yaptığı bir dönemde iki kişi gelir. Davacı yanında ki adamı göstererek şikayetini anlatır:
– Yolda gidiyordum. Bu adam sırtındaki odunların ağırlığına dayanamıyarak yere düştü ve benden yardım istedi.
– Yardım edersem ne vereceksin diye sorduğumda;
– Hiç diye cevap verdi.
Adamı ayağa kaldırdıktan sonra söz verdiği şeyi istedim, vermedi. Hakkımı istiyorum kadı efendi.
Dinlediği şeyler, Hoca'nın canını sıkmış.
Masanın üstündeki örtünün ucunu kaldırarak davacıya sormuş:
– Örtünün altında ne var?
Davacı şaşkın şaşkın:
– Hiç! demiş.
Hoca parlamış;
– Öyleyse al hiçini de git.

KADIN DIRDIRI

Hoca bir gece yarısı karısına:
– Yahu hatun, demiş, şu bizim komşu çarıkçı Mehmet Ağa'nın adı neydi?
Karısı:
– Aman Hoca, demiş, kendi ağzınla Mehmet Ağa diyorsun ya!

Hoca:
– Yok canım şaşırdım,
ne iş yaptığını soracaktım?
Karısı bir kez daha şaşırmış.
– Hoca, demiş, garipleştin gene, çarıkçı demedin mi?
Bu kez Hoca:
– Of be, demiş, nerede oturduğunu soracaktım!
Karısı:
– Hocam, demiş, sen adamı deli edersin, komşumuz demedin mi kendin!
Hoca:
– Of be, demiş, karı dırdırı dedikleri ne kadar doğruymuş. Seninle şöyle doğru dürüst iki çift laf edilmez ki!

KİM VERECEK

Hoca ile karısı, eşeğe ot verme konusunda, sık sık tartışırlarmış. Hoca, dışarıda çalıştığını ileri sürerek, eşeğe karısının ot vermesi gerektiğini söylermiş. Karısıda eşeğe yalnız hoca bindiği için, ot vermenin, onun görevi olduğunu söylüyormuş.
Bir akşam, yine bu yüzden tartışmışlar, Hoca, karısına
– Eşeğe otu sen vereceksin!
Karısı:
– Ben vermeyeceğim. Sen vereceksin! diye direnmiş.
Bu yüzden o akşam tartışma sürmüş, eşek aç kalmış. Ertesi akşam tartışma sürmüş. Ot verme konusunda direnmişler. Eşek yine aç kalmış.

Üçüncü akşam, eşeğin, bu inat yüzünden, açlıktan öleceğini anlayan Hoca:
– İyi ama karıcığım, eşeğe sen ot vermiyeceksin, ben vermiyeceğim. Peki ama kim verecek?

BÖYLE ZAMANDA MUM SÖNDÜRÜLÜR MÜ

Hocanın karısı hamileymiş. Bir gece ansızın ağrısı tutmuş. Hoca hemen ebeye koşmuş. Ebe gelmiş, komşu kadınlarda toplaşmışlar. Hoca'nın karısı biraz sonra nur topu gibi oğlan doğurmuş. Hoca'yı çağırıp kucağına vermişler. Hoca çok memnun kalmış. Bu sırada karısının ağrıları yeniden tutmuş. Ebe;
– İkiz galiba? demiş.
Derhal gereken önlemleri alıp Hocaya'da bir mum vermişler. Az sonra bir kız dünyaya gelmiş. Hoca:
– Kız çocuğu annesine yoldaş olur, demiş.
Hoca'nın karısının ağrıları kesilmiyormuş. Çok geçmeden bir oğlan daha dünyaya gelmiş.
Hoca çocukların arka arka gelmeye başladığını görünce, derhal mumu üfleyerek söndürmüş.
Kadınlar şaşırmışlar. Hayretle Hoca'ya:
– Ne yaptın Hoca efendi, böyle zamanda mum söndürülür mü? demişler. Hoca:
– Ne yapayım? ışığı gören dışarı çıkıyor! cevabını vermiş.

ÖĞRENCİ FIKRALARI

ARADAKİ FARK NEDİR?

Öğretmen öğrencisine sorar:
— Kaza ile şansızlık arasındaki fark nedir?
Öğrenci cevap verir.
— Eğer karnem dereye düşerse bu bir kazadır,
Ama onu dereden çıkaran olursa bu şansızlıktır.

SEKRETERİMİ BEKLİYORUM

Öğretmen öğrencilerine; eğer büyük bir firmanın müdürü olurlarsa ne yapacakları konusunda bir kompozisyon yazmalarını ister.
Öğrenciler tüm dikkat ve ciddiyetlerini takınarak yazmaya başlarlar. Ancak aralarından biri yazmaz. Öğretmen fark edince sorar;
— Neden yazmıyorsun evladım?
Öğrenci cevap verir.
— Sekreterimi bekliyorum.

KARMA KARIŞIK

Öğretmen öğrencisine sorar:
— Dünya yuvarlak mıdır?
— Hayır
— Peki düz müdür?
— Hayır
— Peki nasıldır evladım?
— Babam karma karışık olduğunu söyler.

ENİNE Mİ BOYUNA MI?

Öğretmen öğrenciye sordu:
— Sekizin yarısı kaç eder?
Öğrenci cevap verir:
— Enine mi boyuna mı? Hocam der.
Öğretmen sinirlenir;
— Ne saçma bir laf öyle?
Öğrenci:
— Saçma olur mu hocam; enine bölersek sıfır, boyuna bölersek üç olur.

DERSİ KAYNATMAK

Ahmet okula bir kazan götürmüştü.
Öğretmen şaşkın halde;
— Oğlum bu kazanı niçin getirdin?
— Hocam, dersi kaynatmak için.

ÇOK PARAMIZ OLACAK

Küçük çocuk emre dedesine;
— Dedeciğim, biraz gözlerini kapasana.
— Neden yavrum?
— Annem dedeniz ne zaman gözlerini kapatırsa o zaman çok paramız olacak dedi de.

TEK BAŞINA

Okula yeni gelen öğretmen ilk dersinde öğrencilere ilginç bir çağrıda bulunmuş:
"Kendini geri zekalı hisseden varsa ayağa kalksın..."
Sınıfta çıt yok. Nihayet biri kalkmış:
"Sen kendini geri zekalı mı hissediyorsun?"
"Hayır", demiş çocuk, "
Ama sizin tek başına ayakta kalmanıza gönlüm razı olmadı da?"

KURU SAÇLAR

Küçük Temel duş almaya girer, şampuanı saçlarına boşaltıp ovalamaya başlar. Sırtını keselemeye gelen annesi sorar:
— Oğlum kafanı ıslatmıyacak mısın?
Temel cevap verir:
— Yok anne bu şampuan kuru saçlar içinmiş!...

NİÇİN?

Küçük çocuk babasına sorar:
— Babacığım, insanlar niye çalışır?
— Ekmek parası için evladım.
— Peki öyleyse fırıncılar niçin çalışır?

BEŞ LİRA

Küçük çocuk yolun ortasında hüngür hüngür ağlıyordu... Yaşlı bir hanım acıyarak sordu;
— Ne için ağlıyorsun evladım?
— Beş liramı yitirdim...
— Peki al sana beş lira.
Yaşlı hanım bir iki adım yürüdü. Küçük çocuk yine ağlamaya başladı. Hanım döndü:
— Peki şimdi neden ağlıyorsun?
— Nasıl ağlamam? O beş liramı yitirmeseydim şimdi on liram olacaktı...

BAŞKASININ PANTOLONU

Öğretmen çocuğa sormuş,
'Oğlum elini pantalonu'nun cebine attın ve bir 10 milyon lira çıkarttın, diğer cebinden de 5 milyon lira çıktı. Senin şimdi neyin var?
Öğretmen çocuğun '15 milyon liram var' cevabını vermesini beklerken Çocuk cevap vermiş
'Her halde üzerimde başka birinin pantolon'u var!'

ANNEM GEL DEDİ

İlkokul öğretmeni sınıfta Cennet'e gitmek isteyenlerin ellerini kaldırmalarını ister. Yalnız Temel'cik elini kaldırmayınca merak eder ve sorar,
— Sen gitmek istemiyor musun?
— İster idum ama anacığım okuldan sonra hemen eve gel dedü...

SİLEYRUM

Temel her gün okula giden ve çalışan oğlunun defterinde tek bir yazı göremeyince nedenini sormuş. Temel'cik:
— Öğretmenim tahtaya ne yazarsa aynen deftere geçireyrum, o tahtayı silince pen de tefterumi sileyrum.

BURUN

Öğretmen sorar:
-İnsanın ağzı neye yarar oğlum?
-Yemek yemeğe öğretmenim
-Gözleri?
-Görmeye!
-Dili?
-Tatmaya!
-Parmakları?

-Dokunmaya!
-Kulakları?
-İşitmeye!
-Aferin sana ya burun ne işe yarar?
-Burun efendim..karıştırmaya yarar...

CEZA

Küçük yaramaz öğretmenine sorar:
— Öğretmenim, hiç yapmadığı bir şey için öğrencilerinizi cezalandırır mısınız?
— Hayır!
— İyi o zaman ben ev ödevlerimi yapmamıştım.

MERAK ETME

Öğrenci annesine sorar:
— Anneciğim matematik dersinden iyi not alırsam ne yapar sın?
— Sevinçten deli olurum evladım
— O zaman merak etme anneciğim, deli olmayacaksın, zayıf aldım.

BENDEN ÖNCEKİ OLAYLAR

Babası eve gelince oğluna sorar:
— Oğlum bu gün tarihten sınavın vardı, nasıl geçti?

Çocuk hüzünle cevap verdi.
— Pek iyi değildi baba, ama suç tamamen öğretmen de hep ben doğmadan önceki şeyleri sordu.

GÖZE GİRMEK

Anne küçük kızı Ayşe okuldan gelince sordu:
-Yavrum öğretmeninin gözüne girdin mi?
-Ama anneciğim nasıl gireyim! Öğretmenimin kocaman camlı gözlükleri var.

ÖDÜL

Öğretmen:
— Aferin Pınar, bu hafta hiç yaramazlık yapmadın. Üstelik derslerinde de çok başarılıydın. Seni ödüllendirmek istiyorum. Söyle bakalım çikolatamı istersin, el radyosu mu istersin?
— Çikolata isterim.
— Neden evladım.
— Çünkü bir daha yaramazlık yaparsam radyoyu geri istersiniz. Ama çikolatayı isteyemezsiniz.

KİŞİLİK

Öğretmen öğrencilerine kişiliği anlatmak için tahtaya kocaman bir 1 yazar ve bakın der;

— Bu bir kişiliktir. Yanına bir (0) ekliyor.
— Bu başarıdır. Başarılı bir kişilik 1'i 10 yapar.
Bir (0) daha ekliyor. Bir (0) daha.....
— Bu tecrübedir. 10 iken 100 olursunuz
Sıfırlar uzayıp gider. Yetenek, disiplin, sevgi....
Eklenen her (0)'ın kişiliği 10 kat daha zenginleştirdiğini söylüyor öğretmen. Sonra eline silgiyi alıp en baştaki (1)'i siliyor. Geriye sıfır kalıyor. Ve öğretmen tam bu noktada yorumunu yapacakken öğrencilerden biri:
— 'Kişiliğiniz yoksa diğerleri hiçtir' der.

UYKU HAPI

Küçük kız televizyon karşısında uyuya kalmış olan dedesini uyandırmaya çalışıyordu.
Annesi sordu:
— Kızım neden uyandırıyorsun dedeni?
Kız üzüntülü bir ses tonuyla;
— Anne dedem her akşam alması gereken uyku hapını almamışta onu içireceğim....

SON VAGON

Babası ilk kez trene binecek olan Aliye öğütte bulunuyordu:
— Sakın trenin son vagonuna binme.
— Neden?

— Neden olacak, kazalarda en çok zararı son vagonlar görür.
— Bunu biliyorlar da öyleyse neden son vagonları trenlere takıyorlar baba.

DOKTORUN OĞLU

Ortopedi doktorunun altı yaşındaki oğlu kapıyı açıp gelen adama sorar:
— Buyrun efendim?
— Baban evde mi?
— Hayır efendim. Babam ortopedi ameliyatına gitti.
Adam gülümseyerek sordu:
— Sen ne tatlı şeysin öyle bu yaşta bu tıbbi kelimeleri nasıl konuşuyorsun?
— Tabi bilirim
— Peki ortopedi nedir?
— Altı yüz milyon demektir.

SORU

Öğretmen öğrencilerine:
— Sizlere sorular soracağım. Birinci soruyu bilene ikinci soru sorulmayacak.
Şimdi söyle bakalım Mehmet, bir tavuğun kaç tane tüyü vardır?
— 5150 tane tüyü vardır öğretmenim.
— Nereden öğrendin bunu?

— Öğretmenim hani birinci soruyu bilene ikinci soruyu sormayacaktınız?

RENKLER

Resim dersinde ana renkler konusu işleniyordu.
Öğretmen sordu:
— Kırmızıyla yeşil arasında hangi renk vardır?
Ayşe cevap verir:
— Sarı
— Çok güzel, peki nasıl bildin?
Ayşe şaşırmış bir ifadeyle cevap verdi;
— Bilmeyecek ne var! Bunu her trafik lambasında görebilirsiniz.

EVCİL HAYVANLAR

Temele sorarlar evcil hayvanları sayar mısın?
Temel biraz düşündükten sonra saymaya başlamış.
— Kedi, köpek, fare, bit, pire, böcek...

NİÇİN ERİMEZ?

Kimya dersinde öğretmen elindeki altın parayı gösterdi.
— Şimdi bu altın lirayı asite bırakıyorum. Ne dersiniz, Eriyecek mi?
Mehmet hemen cevap verdi:

— Erimez hocam
— Evet doğru. Neden erimez?
— Eriyecek olsa asite atmazsınız da ondan.

NERDEN GEÇMEZ?

Fizik dersinde öğretmen öğrencilere sorar:
— Söyleyin bakalım elektrik nerden geçmez?
Öğrenciler hep bir ağızdan:
— Camdan, tahtadan...
— Başka nerden geçmez?
Arka sırada oturan muzip Hasan cevap verir:
— Bir de kenar mahallelerden geçmez.

KURT İLACI

Ayşe eczaneye girer ve eczacıya sorar:
— Sizde bağırsak kurdu ilacı var mı?
— Var ama kim için istiyorsun?
— Annem için. Annem ben her sokağa çıktığımda içine kurt düşüyormuş ta.

UYANIK KAYSERİLİ

Bir köylü Kayseri'ye gider. İçinden şöyle geçirir: 'Şu Kayserililer kurnaz olurmuş. Bakalım doğru mudur, bir deneyeyim' der. Sokaktan geçen bir çocuğa sorar:
— Oğlum 3 milyonum var, Bununla ne alayım ki

hem kendim hem ailem yesin, hem de eşeğimle tavuklarım yesin, der.
Çocuk hemen cevap verir:
— Bunu bilmeyecek ne var amca, bir kavun alırsın, kendin ve ailen yedikten sonra kabuğunu eşeğin, çekirdeklerini de tavukların yer...

SİNEMA

Küçük Ahmet, kahvaltı masasında, gece gördüğü rüyadan bahsediyordu.
Annesi sordu:
— Sen rüyanın ne olduğunu bilir misin.
— Elbette uykuda sinema.

ÖDEV

Öğretmeni Kemal'in ödevlerine bakıyormuş.
– Kemal bu yazı babanın kaleminden çıkmış olmasın?
Kemal:
– Evet öğretmenim, çünkü yazarken babamın kalemini kullandım.

ZOR SORU

Öğrencinin biri sınavda soruları yanıtlamak için zar atıyormuş. Bir gelirse A iki gelirse B... beş gelirse E vs.

altı geldiği zaman tekrar zar atıyormuş.
İlk denemesinde altı gelmiş,
bir daha atmış yine altı gelmiş,
bir kaç defa daha atmış yine altı gelince:
– Bu soru çok zor bu soruyu geçeyim, demiş.

KAÇ PARÇA

Matematik dersinde öğretmen öğrencisine sorar:
— Evladım, bir kuzu budunu ikiye bölsek ne olur?
— İki parça olur.
— Elliye bölsek
— Elli parça olur.
— Peki bine bölsek ne olur?
— Kıyma olur öğretmenim.

DİŞİMİ ERKEKMİ?

Bilgisayar öğretmeni öğrencilerine sormuş:
– Sizce bilgisayarın cinsi nedir?
Kız öğrenciler:
– Bilgisayar erkektir. Çünkü, bilgisayarlar sorunları çözsünler diye yaratılmalarına rağmen, hayatlarının dörtte üçünü sorun çıkararak geçirirler. Bunlardan birini aldığınız an biraz daha sabretseydiniz daha gelişmiş bir modeline sahip olabileceğinizi farkeder pişman olursunuz...
Erkek öğrenciler:

— Bilgisayar dişidir. Çünkü, onun mantığını yaratıcısından başkası anlayamaz. En ufak bir hatayı hafızasına kaydeder ve tekrar tekrar karşınıza çıkarır. Ve bir bilgisayar aldıktan sonra farkedersiniz ki asıl parayı ona değil aksesuarlarına harcamak zorundasınız.

HEPSİ BU KADAR MI?

Küçük Ayşe'ye teyzesi bir milyon lira vermişti.
Küçük kız bir şey demeden parayı cebine attı.
Bunun üzerine annesi söze karıştı.
— Ayşe, teyzene ne demen lazım?
Ayşe cevap vermedi.
Anne bunun üzerine yardım etmek istedi.
— Baban bana para verdiği zaman ben ne diyorum?
Birden gözleri parlayan Ayşe:
— Hepsi bu kadar mı? diye atıldı.

GEVEZE

Öğrenci kızın çenesinden bütün okul illallah demişti. Okul idaresi, sonunda babasına şöyle bir pusula yolladılar.
— Kızınız çok geveze, kimseye rahat vermiyor!
Babası ise şöyle cevap yollar;
— Siz gelin de annesini görün...

KEVSER

İmam Hatip Lisesin'de teftiş yapan bir müfettiş sınıfın birine girer. Ders Kur'an-ı Kerim'dir. Bir öğrenciyi kaldırarak ismini sorar.
Öğrenci:
– Fatih diye cevap verir..
Müfettiş:
– Peki öyleyse yavrum, Fatiha süresini oku bakalım..
Çocuk sureyi okur. Sıra başka bir öğrenciye gelmiştir.
Müfettiş yine sorar.
– İsmin ne çocuğum?".
Çocuk cevap verir:
– Yasin ama arkadaşlar kısaca
Kevser derler.

FARK

Küçük Ahmet okuldan eve gelir ve üzgün bir şekilde babasına;
– Matematik dersinden 1 aldım der.
Babası hemen sorar;
– Neden?
– Öğretmen 3x2 kaç eder? diye sordu, ben de 6 dedim.
Babası hemen oğlunu tasdikler ve;
– Fakat bu doğru der.
Ondan sonra da:
– Öğretmen 2x3 kaç eder? diye sordu.

– Haydi len, ne farkı var ki?
– Ben de öğretmene aynısını söyledim

HEPSİ BİR EDER

Öğretmen bir öğrencisine sorar:
– Oğlum, bir kedi, bir serçe, bir solucan kaç eder?
– Bir kedi eder.
– Ne?.. Bir kedi mi?..
– Serçe solucanı yer, kedi de serçeyi yiyince, geriye bir kedi kalır, o da bir etmez mi?..

İYİ KAFA

Küçük can yemeğini yememek için binbir türlü huysuzluklar yapıyordu.
Sonunda babası dayanamadı onu yanına çağırarak:
– Bak oğlum, yemekleri yersen iyi bir kafaya sahip olursun.
Can isteksiz isteksiz cevab verir:
– Benim zaten bir kafam var, ikincisini ne yapayım.

ANA DİLİ

Öğretmen, öğrenciye sordu:
– Neden "ana dili" diyoruz da, "baba dili" demiyoruz?
Öğrenci cevab verdi:
– Anneler, babalardan daha çok konuşur da ondan.

RAKAMLAR YALAN SÖYLEMEZ

Öğretmen matematik dersinde öğrencilere sorar:
– Çocuklar, sayılar asla yalan söylemez. Örneğin bir adam bir tarlayı 15 günde sürerse onbeş adam bir günde sürer. Buna benzer bir örnekte siz bulun:
Öğrencilerden biri kıs kıs gülerek parmak kaldırdı:
– Örneğin bir gemi Atlas Okyonusunu 5 günde geçerse, beş gemide bir günde geçer.

TIRAŞ

Küçük Can, kapıdan giren konuğa:
– Amca, dedi, senin adın Süleyman mı?
– Evet, yavrum.
– Berber misin?
– Hayır, niye sordun?
– Babam, pencereden görünce,
– "Süleyman yine tıraşa geliyor" dedi de.

İŞ ONUNLA BİTMİYOR

Okula yeni başlayan öğrencisine öğretmeni "A" harfini öğretmeye çalışıyordu.
– "Kızım bir harfi bile öğrenemiyorsun" diye kızar,
Öğrencisi cevap verir:
– "A demesine derim ama hocam iş onunla bitmiyor ki; Z' ye kadar 28 tane harf var.

BAZAN MI? BAZEN Mİ?

Öğrenci edebiyat dersinde Hocasına sorar:
– "Hocam; bazan mı denir? bazen mi?
Hoca cevap vermeden öğrencilerden biri cevap verir:
– Bazan bazan, bazen bazen.

ERKEK Mİ KADIN MI?

Öğretmen örencisine sorar:
– Söyle bakalım 1970 de doğan biri şimdi kaç yaşında olur.
Öğrenci:
– Öğretmenim erkek midir kadın mıdır?

BAĞIRSANIZ UYUNMAZ

Hoca:
– Benim sınıfımda kimse uyuyamaz diye bağırır.
Öğrenci:
– Hocam bu kadar bağırırsanız uyuyamayız zaten.

HAKSIZLIK

Öğretmen, iki öğrencisine kızar ve yüzer kere adlarını yazmalarını söyler. Öğrencilerden biri bu karara itiraz eder:

– Öğretmenim, bu haksızlık olur.
– Neden haksızlık olurmuş?
– Onun adı Ali, benimki ise Abdulmuttalib.

23 NİSAN

23 Nisan da çocuk öğretmenine sorar:
– Öğretmenim 23 Nisan çocukların bayramıdır değil mi? Öğretmen:
– Evet, diyerek soruyu cevaplar.
– Öğretmenim siz söylemiştiniz; bayramlarda insanlar dinlenir ve birbirlerini ziyaret ederler değil mi?
– Evet yavrum.
– Anlamadığım bir şey var? "NIYE 23 NISAN DA EN ÇOK YORULAN BIZ OLUYORUZ?".

AZGIN ARKADAŞ

Çocuk, okuldan bir gözü şiş olarak dönünce, annesi telaşlandı :
-Oğlum ne oldu gözüne? Düştün mü yoksa?
-Hayır düşmedim. Arkadaşım Orhan`la dövüştük. Ben de yarın onun gözünü şişireceğim!
Annesi yatıştırmaya çalıştı :
-Sakın ha! Dövüşmek iyi bir şey değil. Ben sana yarın pasta çörek vereyim. Arkadaşına da ver, barışın. Güzel güzel oynayın olmaz mı?
-Olur anneciğim, barışırız.

Ertesi gün, çocuk öteki gözü de şişmiş olarak döndü. Annesi merakla sordu:
-Yine ne oldu?
-Arkadaşım yaptı, daha çok pasta, çörek istiyor!

SINAV

Öğretmen öğrencilerine sormuş:
– Allah hepimizin cennete gitmesini istediği halde niye cehenneme gönderiyor?
Çocuğun birisi öğretmenin sorusuna soruyla cevap veriyor:
-Öğretmenim siz bizim 5 almamızı istediğiniz halde niye sınav yapıyorsunuz?

SÜTÇÜ

Bir gün öğretmen sınıfa sormuş:
– Biz hangi hayvanların sütünü içiyoruz?
Herkes keçi, koyun, inek, demiş.
Sıra küçük Zeynep'e gelmiş:
– Biz sütçünün sütünü içiyoruz öğretmenim, demiş.

KOMPOZİSYON

Can'a öğretmeni sormuş,
-Kompozisyonun iyi ama Cemal'inkiyle kelimesi

kelimesine aynı, ne dersin bu işe?
-Cemal'inki de iyi derim..

İLK GÜN

Anne :
-Ne haber, okulda ilk günün nasıl geçti?
Çocuk :
-Ne! İlk gün mü? Yarın da mı gideceğim?

ADRES

Temelcik, okul dönüşü annesine;
- Pugün öğretmen bir soru sordi, pir tek pen pildum.
- Soru neydu, uşağum?
- Pizim evin adresi, daaa...

KONTROL

Temel üniversite sınavına girmiş. Her soruda yazı-tura atarak cevapları vermiş. İki saat sonra öğrencilerin çoğu sınav kağıdını verip salonu terk etmiş. Temel ise hala yazı-tura atıyormuş. Sınav danışmanı, ne yaptığını anlamak için Temel'in yanına gelmiş:
-Bütün sorular için yazı-tura atıyorsun, hala bitiremedin mi?
-Hocam, 1 saat önce bitirdim. Şimdi cevaplarımı kontrol ederim!...

TERLETME

Tip Fakültesi nde okumakta olan öğrenciye sınavda söyle bir soru geldi :
- Hastayı hangi yöntemlerle terletirsin?
Öğrenci bildiklerini söyledi.
- Başka?
Belleğini yokladı, anımsadığı başka yöntemleri de anlattı.
- Başka?
Ter içinde kalan öğrenci :
– Bütün bu yöntemlerden sonuç alınmazsa, dedi, buraya getirir, huzurunuzda sınava sokarım...

RAPTİYE

Temelcik kendini savunuyordu,
-Öğretmenun sandalyesune Cemal raptiye koydu.
-Peçi sen niye cezalanduruldun?
-Raptiye batmasun diye sandalyeyi çektum..

AZ MAAŞ

Yaşlı bir adam emekliye ayrılır ve kendine bir lisenin yanında küçük bir ev alır. Emekliliğinin ilk bir kaç haftasını huzur içinde geçirir ama sonra ders yılı başlar. Okulların açıldığı ilk gün, dersten çıkan öğrenciler yollarının üzerindeki her çöp bidonunu tekmel-

erler, bağırıp, çağırarak. Bu çekilmez gürültü günler sürer ve yaşlı adam bir önlem almaya karar verir.
Ertesi gün çocuklar gürültüyle evine doğru yaklaşırken, kapısının önüne çıkar, onları durdurur ve, "Çok tatlı çocuklarsınız, çok da eğleniyorsunuz. Bu neşenizi sürdürmenizi istiyorum sizden. Ben de sizlerin yaşındayken aynı şekilde gürültüler çıkarmaktan hoşlanırdım bana gençliğimi hatırlatıyorsunuz. Eğer her gün buradan geçer ve gürültü yaparsanız size her gün 1 lira vereceğim..." der.
Bu teklif çocukların çok hoşuna gider ve gürültüyü sürdürürler.
Birkaç gün sonra yaşlı adam yine çocukların önüne çıkar ve onlara şöyle der;
"Çocuklar enflasyon beni de etkilemeye başladı bundan böyle size sadece 50 kuruş verebilirim."
Çocuklar pek hoşlanmazlar ama yine devam ederler gürültüye. Aradan bir kaç gün daha geçer ve yaşlı adam yine karşılar onları.
"Bakın" der, "Henüz maaşımı alamadım bu yüzden size günde ancak 25 kuruş verebilirim, tamam mı?"
"Olanaksız" der içlerinden biri, "Günde 25 kuruş için bu işi yapacağımızı sanıyorsanız yanılıyorsunuz. Biz işi bırakıyoruz."

HESAP

Emrah kalktı, elinde bir listeyle bakkal Murat'a gitti :
- Bakkal amca, dedi, kilosu 525 liradan 7 kilo seker,

630 liradan 11 kilo pirinç, 280 liradan 9 kilo un kaç lira eder?
- O senin dediğin fiyatlardan satmıyoruz pirinci, unu. Hem sen o kadar ağır yükü nasıl götüreceksin?
– Sen ağırlıklarına bakma amca, fiyatlarının toplamını söyle. Bu benim matematik ödevim...

KOLAY SORU

Dört üniversite öğrencisi sabahleyin uyanamayarak matematik finalini kaçırırlar, sınav ertesinde hocalarını yakalayıp, zar zor bindikleri arabanın lastiği patladığı için sınavı kaçırdıklarına ikna ederler. Kadın, yalvarmalarına dayanamayarak, bu dört arkadaşa sınavı 3 gün sonra yapacağını söyler.
Sınav günü geldiğinde, matematik hocası bizim dörtlüyü sınıfın dört köşesine oturtur.
Finali geçmek için de en az 50 almak lazımdır, sınavda da 5 soru vardır. Sayfanın önündeki 4 matematik sorusu basit sorulardır ve her biri 10 puanlıktır. Kağıdın arkasındaki soru ise 60 puanlıktır ve de soru aynen şöyledir:
"Hangi lastik patladı??"

FELSEFE

Felsefe öğrencisi ilk sınavını oluyormuş.
Sınav kağıdında tek bir cümle varmış;

"Bu bir soru mudur?" tartışınız.
Kısa bir sure düşündükten sonra yazmış;
"Eğer o bir soruysa, bu da bir cevaptır."

SANDALYE

Renkli kişiliğiyle ün yapmış bir felsefe hocası, yılın son sınavını yapmak üzere sınıfa girmiş.. Bütün öğrenciler çok heyecanlı, hepsi merakla soruları bekliyorlar, felsefe hocası sınıfa şöyle bir bakmış, derken sandalyesini kaptığı gibi kürsünün üzerine koymuş..
"İşte 100 puanlık tek soru" demiş.. "Bana bu sandalyenin varolmadığını ispat edin"
Herkes bir girişmiş yazmaya... Hızlı hızlı yazanlar, harıl harıl düşünenler derken, aralarından biri kağıda tek bir cümle yazmış, sonra kalkmış hocasına vermiş ve sınavı bitirip çıkmış....
Sonuçlar açıklandığı zaman bir bakmışlar koca sınıfta 100 üzerinden 100 alan tek kişi var, o da sınavı 2 dakikada bitirip çıkan çocuk..!!!
Peki acaba çocuğa 100 puan getiren o tek cümle neymiş?
"Hangi sandalye?"

DİLBİLGİSİ

Dilbilgisi dersinde Karadenizli öğretmen, Erzurumlu öğrencisini sözlüye kaldırıp sormuş :

- "Pakmak fiilinin çekiminu yap pakalum..."
Erzurumlu öğrenci hemen atılır :
- "Bakirem,bakirsen,bakir..."
Öğretmen öğrencisinin bu cevabı karşısında :
- "Uy diluni eşek arisu soksun..Öyle mi denur daa?
Onun aslu pöyledur:
Pakayrum,pakaysun,pakayı..."

YARDIM

Oymak beyi, izci adaylarını karşısına toplamış, onlara izciliğin ilkelerini anlatmaya çalışıyordu:
– Bakın çocuklar, dedi. Bir izci, her gün, hiç olmazsa bir kez birine yardımcı olmalıdır. Hastalara, yaşlılara, muhtaçlara. Her sabah okula geldiğiniz zaman size bir gün önce nasıl bir iyilik yaptığınızı soracağım.Tamam mı?
Ertesi sabah Oymak beyi çocukları toplayıp sordu :
-Söyleyin bakalım... Dün ne gibi bir iyilik yaptınız?
Bütün çocuklar, hep bir ağızdan :
-Yaşlı bir kadının karşıdan karşıya geçmesine yardım ettik efendim.
Adamcağız şaşırdı :
-Hepiniz mi?
-Evet efendim, hepimiz birden.
-Neden?
Çocuklardan biri cevap verdi :
-Kadın karşıdan karşıya geçmek istemiyordu, ondan efendim!

MİRAS

Öğretmen öğrencilere sorar:
—Zengin bir köy ağası vefat eder. Vasiyeti açılır.
Mallarının yarısını büyük oğluna,
dörtte birini ortanca oğluna ve
beşte birini küçük oğluna bırakmıştır.
Bütün mallar paylaşılır ancak geriye on dokuz at
kalmıştır. 19'u ne ikiye, ne dörde, ne de beşe bölmek
mümkündür.
19 at nasıl paylaştırılır?
Öğrencilerden biri heyecanla cevap verir:
— Babamın da bir atı var. Bu atı da size veriyorum.
Oldu mu yirmi at?
Yarısını sen al bakalım, on tane.
Dörtte birini de ortanca kardeşin alsın, beş tane.
Beşte birini de yani dört tanesini de en küçüğünüze
verelim.
On, beş daha on beş. Dört daha on dokuz.
Sonra babamın düldülünü verin geriye.

KASLAR

Yaşlı bir öğretmen, Fen Bilgisi dersinde kasları
anlatıyordu. Bir ara öğrencilerden birine şu soruyu
sordu:
-Şimdi ben boks yapsam hangi kaslar çalışır?
Çocuk sakin sakin cevap verdi :
-İzleyenlerin gülme kasları öğretmenim!

LOKUM

Ali, Ahmet ve Mehmet bakkala giderler. Bakkal, Ali'ye sorar:
-Ne istiyorsun?
-Bir lokum.
Bakkal merdiveni dayayıp zor zahmet üst raflardan bir lokum alır ve verir.
Sıra Ahmet'e gelir. Bakkal :
-Ne ne istiyorsun?
-Bir lokum.
Bakkal sinirlenir ama ne yapsın yeniden merdiveni dayar ve üzerine çıkar bir lokum alır.
Ahmet'e sorar:
-Sen de mi bir lokum istiyorsun?
-Hayır , der Mehmet. Bakkal merdivenden iner, Mehmet'e yeniden sorar:
-Peki sen ne istiyorsun?
-İki lokum!

CESARET

Öğretmen öğrencilere soru:
-Cesaret neye denir?
Birisi parmak kaldırıp yanıtladı:
-Bir şeyi bilmediği halde, biliyormuş gibi yapıp, parmak kaldırmaya denir...

28 GÜN

Öğretmen sormuş:
- Hangi ayda yirmi sekiz gün var?
Soner cevap vermiş:
- Hepsinde hocam.

İNSAF

Öğretmen sordu:
- "Oğlum, bir inek yaklaşık ne kadar süt verir?"
Sütçünün oğlu yanıt verdi:
- "Belli olmaz ki efendim. Babamın insafına kalmış..."

HANGİ ZAMAN

Türkçe dersinde öğretmen sordu:
- "Ben güzelim, dediğim zaman bu hangi zaman formundadır?"
- "Geçmiş zaman öğretmenim."

YETENEK

Öğretmen sınıfta sorar:
-İçinizde müzikte yetenekli olanlar kimler?
Dört öğrenci ayağa kalkar. Öğretmen:
-İyi o zaman aşağıya inip piyanonun yukarı taşınmasına yardım edin.

ZENGİNLİK

İlkokula giden oğlunu karşısına alan baba, başladı nasihate:
-Bak oğlum!... Oku ve hayatını kazan... Yoksa dilenci olursun.
-Dilenci mi?
-Evet dilenci!..
-Bunu daha önce söylesene baba!... Bende okula bile gitmeyen bu zenginler, bu kadar parayı nereden kazanıyor diye merak ediyorum.

SIFIRIN DEĞERİ

Öğretmeni Ali'ye sorar,
"On kırk daha kaç eder Ali?"
"Beş yapar öğretmenim"
"Nasıl yapar oğlum"
"Öğretmenim çünkü uzayda sıfırın değeri olmadığı için."
Öğretmeni: "Aferin oğlum" der.
"Sana on veriyorum ama uzayda sıfırın değeri olmadığı için bir veriyorum."

GELİNLİK

Öğretmen derste şunları anlatıyordu:
- Düğünlerde gelinler neden beyaz giyer bilir misiniz?

Bu onların en mutlu günü olduğu için!
Arka sıralardan bir ses yükselir;
- Damatların neden siyah elbise giydiklerini şimdi anladım.

SIPA

Köylü, yeni doğan bir sıpayı kucağına almış evine dönerken, iki ortaokul öğrencisi kendisine takılır ve:
- Hayrola amca, derler. Oğlunu nereye götürüyorsun böyle?
Adam, kendine yapılan bu terbiyesizliğe aldırmamış görünerek cevap verir:
- Gittiğiniz okula kaydını yaptıracağım.

OKUL BİTİNCE

Delikanlı okulu bitirdikten sonra müracaat ettiği mağazada çalışmak üzere ise kabul edilmiş.
Büyük bir sevinçle ertesi gün işe başlamak üzere mağazaya gelmiş.
Mağaza yöneticisi sevecen ve sıcakkanlı bir şekilde delikanlıyı karşılayarak,
"Hoş geldin" diyerek ve delikanlının eline bir süpürge tutuşturarak,
"İlk önce şu süpürgeyle arka taraftaki rafların altını temizleyiver" demiş.
Delikanlı kızgınlığı yüzünden belli olacak şekilde;

"Ben üniversite mezunuyum".
Yönetici bunun üzerine bir adım geriye çekilerek,
"Özür dilerim, bilmiyordum. Süpürgeyi bana verirsen nasıl temizlik yapman gerektiğini gösteririm."

HAZIRLIK

Yıl sonu tatili yaklaşmıştı. Recep'in vaziyeti pek parlak değildi. Eve gidip durumu babasına söylemeye korkuyordu. Belki faydası olur diye telefonla annesini arayarak:
- Anneciğim, tatil oldu geliyorum. Ama maalesef sınıfta kaldım. Ne olursun, ben gelinceye kadar babamı hazırla! dedi.
Duruma canı sıkılan ve morali bozulan annesi, oğluna şu cevabı verdi:
- Baban hazır, asıl sen kendini hazırla!..

MAYMUN

Din dersi öğretmeni, öğrencilere bütün insanların Adem ve Havva'dan geldiğini söyledi.
Bir öğrenci söz aldı:
— Bu doğru değil.
— Nasıl yani? dedi öğretmen.
— Babam bize maymundan geldiğimizi söyledi.
— Sevgili çocuğum, dedi öğretmen,
sizin özel aile tarihiniz bizi hiç ilgilendirmiyor.

KAZANÇ

Öğrencisine matematik öğretmeni şöyle bir soru sorar.
– Bir adam bir şeyi 12.25 TL'ye satın alır ve 9.85 TL'ye satarsa kazanır mı, kaybeder mi?
Öğrenci uzun uzun düşündükten sonra şu yanıtı verir.
– Kuruş hanesinde kazanır, lira hanesinde kaybeder.

AZAR

Küçük Zeynep, okula yeni başlamıştı. Bir gün derse nasılsa geç kaldı.
Öğretmen:
-Bir daha böyle geç kalırsan seni sınıfa almam.
Zeynep başını önüne eğip:
-Ben şimdiye kadar okula, hep sizden önce geldim. Sizi hiç böyle azarladım mı?

ÜÇGENİN ALANI

İlkokulda, matematik dersinde öretmen üçgenin alanını, çocuklara şu şekilde öğretmiş:
'Bir üç kenarlının alanı, yatayımı ile dikleşiminin vuruşumunun, ikiye bölümüdür.'
Çocuk bunu güzelce ezberlemiş. akşam babası evde sormuş:

– Bugün okulda ne öğrendiniz?
– Matematik dersinde, bir üç kenarlının alanını öğrendik babacığım.
– Yaa öyle mi, peki nasıl?'
– Bir üç kenarlının alanı, yatayımı ile dikleşiminin vuruşumunun, ikiye bölümüdür.
– Yavrum, yanlış öğretmişler size. Doğrusu şöyle: Bir üçgenin alanı, tabanı ile yüksekliğinin çarpımının yarısına eşittir.
O sırada, bir yandan gazetesini okuyan, bir yandan da torunuyla oğlunun konuşmasını dinleyen dede, dayanamayıp söze girmiş:
– İkinizin de tarifi yanlış! "Bir müsellesin mesaha-i sathiyesi, kaidesiyle irtifaının hasıl-ı darpının nısfına müsavidir."

TIRAŞ

Öğretmen Ali'ye sorar:
- Büyüyünce ne olacaksın?
- Tıraş olacağım öğretmenim.

LAFIN GELİŞİ

Öğretmen "Tahtayı kim silecek?" deyince birkaç kişi fırlamış. Bunun üzerine öğretmen:
- Elli kişi kalkmayın. Bir kişi yeter, demiş
Hakan hemen söze karışmış:

-Elli kişi değil ki...Beş kişi.
Öğretmen:
-Lafın gelişi öyle dedim.
Öğretmen Hakan'ı kaldırmış:
-Söyle bakalım Hakan. Beş kere dokuz kaç eder?
Hakan:
-Elli beş eder öğretmenim.
-Hiç olur mı Hakan, kırk beş eder deyince Hakan :
-Lafın gelişi dedim öğretmenim.

OKULA GİTMEM

Oğlu, sabah annesine okula gitmek istemediğini söyler. Annesi oğluna,
– Okula gitmemek için bana iyi bir neden söyle, der.
– Okulda bütün öğrenciler benden nefret ediyor, deyince, anne;
–Bu geçerli neden değil, bana başka bir sebep daha söyle, der.
– Ama anne okuldaki bütün öğretmenler de benden nefret ediyor, der. Bunun üzerine annesi oğluna:
– Benimde sana okula gitmen için iki sebebim var; Birincisi, sen artık 50 yaşına geldin. İkincisi sen o okulun müdürüsün.

NE TUTUYOR

Fen bilgisi dersinde öğretmen anlatıyordu:
-Bizi dünya üzerinde tutan kuvvete

Yer Çekimi Yasası denir.
-İyi ama öğretmenim, bu yasa çıkmadan önce bizi dünyanın üzerinde ne tutuyordu?

ÖNEMLİ YIL

Öğretmen Ayşe'ye sorar:
-Sence tarihte en önemli yıl hangisidir?
-1990'dır öğretmenim.
-Neden?!
-O yıl ben doğdum da ondan öğretmenim.

BÜYÜK ADAM

Öğretmen Hasan'a sorar:
-Söyle bakalım Hasan. Sizin köyde doğmuş büyük bir adam var mı?
Hasan:
-Hayır öğretmenim. Bizim köyde hep bebekler doğar.

KOPYA

Yazılıdan sonra öğretmen Can'a:
-Yanındaki arkadaşından kopya çekmişsin, der. Can:
-Hayır çekmedim öğretmenim!
-Arkadaşın son soruya "bilmiyorum" diye cevap vermiş. Sen de "Ben de" diye yazmışsın.

YANLIŞ

Annesi ödevlerini bitiren Ali'nin ödevlerini kontrol ediyordu.
-Oğlum yazını biraz daha okunaklı yazabilirsin.
-Bir kere öyle yazdım, öğretmenim bütün yanlışlarımı fark etti.

NE YEDİN

Ali'yle Mehmet okul dönüşünde konuşuyorlardı.
Mehmet:
-Ben bugün tost yedim. Sen ne yedin?
-Ooo, der Ali. Benim yediklerim saymakla bitmez.
-Peki neymiş o?
-Pilav!

BİLMEYECEK NE VAR

Öğretmen sınıfa girer girmez Sevgi parmağını kaldırdı.
Öğretmen:
-Ne oldu Sevgi? diye sordu.
-Öğretmenim, tarih kitabında Kristof Kolomb'un yanına neden 1451-1506 yazdıklarını anlamadım.
Ahmet parmağını kaldırınca öğretmen Ahmet'in bir şey bildiğini sanarak sordu.
-Sen biliyor musun?
-Evet öğretmenim.

-Öyleyse söyle bakalım.
-Bu onun telefon numarasıdır öğretmenim.

PASLANMA

Öğretmen Özge'ye sorar:
-Demir ile bakır açıkta kalınca oksitlenir ve paslanır. Altınla gümüş açıkta kalırsa ne olur?
Özge cevap verir:
-Çalınırlar öğretmenim.

DAİRENİN ALANI

Ali mutfakta yemek yapan annesine sorar:
-Anne, matematik ödevime yardım eder misin?
Annesi işini bırakır ve:
-Peki, sor bakalım.
-Öğretmen dairenin alanını bulmamı istedi.
- Hay Allah hala bulamadılar mı şu dairenin alanını? Ben çocukken de bunu sorarlardı.

İCAT

Öğretmen ödev olarak bir icat yapılamasını istemiştir. Herkes sırayla icat ettiği şeyi anlatmış ve sıra Melek'e gelmiştir. Öğretmen Melek'in elindeki tahta parçasını görünce sorar:

-Melek elindeki tahta parçası nedir?
Melek:
-Öğretmenim, bu bir tahta parçası değil, icat ettiğim hiç şaşmaz barometre.
Öğretmen:
-Öyle mi? Nasıl çalışıyor bu barometre?
Melek:
-Öğretmenim bu barometreyi balkona takıyorsunuz. Bakarsın, kuruysa hava iyi, ıslandığı zaman da yağmur yağıyor demektir.

SEN

Kemal öğretmenine sen diye hitap ettiği için öğretmeni ona kızar ve "Öğretmene sen diye hitap edilmez, siz denir" diye yüz kere yazmasını ister.
Ertesi gün öğretmen Kemal'in kağıdına bakar ve yüz elli kere yazdığını görür ve sorar:
-Oğlum ben sana yüz kere yaz dedim. Sen niye fazla yazdın? Kemal cevap verir:
-Sen memnun olasın diye.

PAZAR GÜNÜ

Dilbilgisi dersinde öğretmen Cem'e sorar.
-Ben yıkanıyorum, sen yıkanıyorsun, o yıkanıyor, biz yıkanıyoruz, siz yıkanıyorsunuz, onlar yıkanıyorlar, dersem konu ettiğim nedir?

Cem hemen cevap verir:
-Pazar günüdür öğretmenim.

BESİNLER

Öğretmen, yenilen besinlerin önemini anlattıktan sonra:
-Kim bana insan için en önemli gıda maddelerinden üçünü sayabilir?
Öğrencilerden biri cevap verir:
-Sabah kahvaltısı, öğle yemeği ve akşam yemeği.

BERABERE

Okulda futbol turnuvası yapılacaktı ve küçük Cem bu maçta hakemlik yapacaktı. Maç başlamadan önce iki takımdan birinin kaptanı hakemi bir kenara çekip:
-Arkadaşım, sen bizim takımdakileri bilmezsin. Bu maçı kaybedecek olursak bizimkiler seni ne yapar bilir misin?
-Ne yapar?
-Seni parça parça ederler.
Cem cevap verdi:
-Desene maç berabere bitecek...
-Neden?
-Öteki takımın kaptanı da bana aynı şeyleri söylediler de ondan.

MESLEK

Ali ve Murat babalarının ne yaptıklarından konuşuyorlardı.
Ali :
-Benim babam avukatlık yapar. Seninki ne yapar?
Murat:
-Benim babam annemin istediklerinin yapar.

MATEMATİK

Annesi Oğuz'a aritmetik ödevini yaptırırken toplama ve çıkartmayı anlatıyordu:
-Bak oğlum, çok kolay. Mesela sen şimdi bakkalsın. Ben senden, yüz liralık pirinç, elli liralık soğan ve yirmi liralık patates aldım. Sana kaç para vermem gerekir?
Oğuz:
-Hiç olur mu anneciğim, aramızda paranın lafı mı olur!..

ŞAŞIRTAN ANI

Öğretmen derste "Son günlerde sizi şaşırtan bir anınızı anlatın" demişti. Ali hemen söz aldı:
-Bizim orada büyük bir mağaza var. Mağazanın kapısında şöyle bir ilan var. "Köpeklerin içeri girmesi yasaktır."

Öğretmen sorar:
-Bunda şaşıracak ne var oğlum? Ali :
-İyi de öğretmenim köpekler okuma yazma bilmezler ki!..

ÇAMUR

Okuldan gelen Gamze'ye annesi sorar:
-Ne oldu kızım? Üstün başın çamur içinde.
Gamze:
-Koşarken çamura düştüm.
-Yeni önlüğünle öyle mi?
-Ne yapayım anneciğim, düşerken çıkaracak vakit bulamadım...

DEĞMEZ

Öğretmen Serkan'a sorar:
-Serkan, iki yüz yirmi beşten iki yüz on yedi çıkarsak ne kalır? Serkan:
-O kadar az bir şey kalır ki öğretmenim, söylemeye değmez.

ÇİKOLATA

Öğretmeni teşekkür etmenin önemli olduğunu anlattığı bir derste Hasan'a sorar:

-Hasan, sana bir çikolata versem ne dersin?
Hasan:
-Bir tane daha verin derim.

KOLTUK

Öğretmen öğrencilerini müzeye götürmüştür.
Müzede gezerken çok yorulan Ahmet müzedeki
koltuktan birine oturdu. Bunu gören müze görevlisi:
-Küçük oraya oturulmaz. Orası Sultan IV. Murat'ın
koltuğudur, dedi.
Ahmet hiç istifini bozmadan:
-Zararı yok amca, o gelince ben hemen kalkarım.

SU

Öğretmen öğrencilere sordu:
-Çocuklar söyleyin bakalım, su nedir?
Arka sıralarda oturan afacan Cem hemen cevap verdi:
-Ellerimizi içine soktuğumuz zaman rengi değişen
şey!..

DİŞ

Öğretmen hayat bilgisi dersinde dişleri anlatmıştı.
Dersin sonuna doğru dersi hiç dinlememiş olan bir
öğrenciye sordu:

-Kaç türlü diş vardır?
Öğrenci biraz düşündükten sonra cevap verdi:
-Sağlam diş, çürük diş, takma diş...

ÇOK AYIP

Sekiz yaşındaki Can okul kütüphanesine gitmiş mırıldanarak kitap okuyordu. Can'ın sesinden etrafındakiler rahatsız oluyordu. Kitaplık memuru Can'ın yanına gelerek:
-Biraz sessiz ol oğlum, dedi. Bak yanındaki abi hiçbir şey okuyamıyor.
Can:
-Çok ayıp, kaç yaşına gelmiş daha kitap okumasını bilmiyor demek. Ben altı yaşında okumayı öğrendim.

SÜRÜNGEN

Öğretmen hayat bilgisi dersinde Serdar'a sordu:
-Yerde sürünen canlılara sürüngen denir. Bana bir sürüngen adı söyler misin?
Serdar cevap verdi:
-Benim on aylık kardeşim.